청소년들의 진로와 직업 탐색을 위한
잡프러포즈 시리즈 32

내면 여행의 동반자

정신건강의학과의사

청소년들의 진로와 직업 탐색을 위한 **잡프러포즈 시리즈 32**

내면 여행의 동반자

정신건강의학과의사

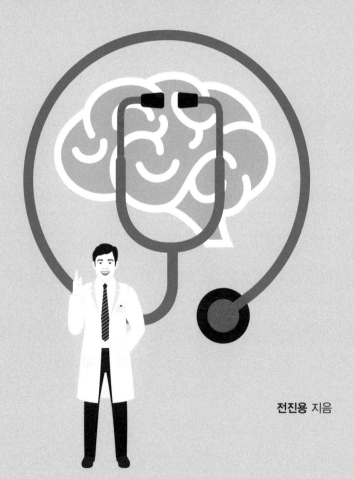

전진용 지음

자기 내면에 아직 풀어놓지 않은
이야기보따리를 간직하고 있는 것보다
더 고약한 불안감은 존재하지 않는다.

– 조라 닐 허스턴, Zora Neale Hurston –

우리는 마치 호두 같아서
깨뜨려야 속을 볼 수 있다.

- 칼릴 지브란, Kahlil Gibran -

C·O·N·T·E·N·T·S

C·O·N·T·E·N·T·S

정신건강의학과의사
전진용의
프러포즈

...

Propose!

청소년 여러분, 안녕하세요. 정신건강의학과의사 전진용이에요. 사람들은 정신건강의학과의사에게 막연한 환상을 가지고 있는 것 같아요. 제직업을 밝히면, 평상시 심리적으로 궁금했던 것을 묻거나 자신의 상태를 분석해달라고 하죠. '제가 손톱을 자주 물어뜯는데, 왜 그런 행동을 하는 걸까요?', '작은 개도 너무 무서운데, 정신적으로 문제가 있는 건가요?' 등의 질문을 한다거나, 제가 질문을 하고 자신이 답을 하면 그것을 통해 어떤 심리적 상태인지 분석해달라는 것인데요. 우리의 정신세계는 무궁무진해서 아무리 정신건강의학과의사라고 해도 하나의 행동이나 잠깐의 대화만으로 상대의 심리 상태를 정확하게 파악할 수는 없어요. 하지만 이 일을 하면서 사람을 이해하는 마음은 확실히 매우 넓어졌어요. 늘 사람들의 아픔에 대해 듣다 보니, 상대의 말을 끝까지 경청하고, 공감해 주는 능력이 커진 것이죠.

대다수의 사람들은 살아가면서 크고 작은 정신적 어려움을 경험하게 돼요. 감기에 걸리거나 넘어져서 몸에 상처가 나듯이 인간관계에서 스트레스를 받기도 하고 사소한 일에 불안을 느끼거나 집착하기도 하잖아요. 친구와 다퉈 마음에 상처를 입어본 경험, 부모님과 의견이 달라 답답했던 경험, 시험을 앞두고 갑자기 불안해졌던 경험은 누구나 있죠. 하지만 누구나 겪는 일이라고 누구나 쉽게 극복할 수 있는 건 아니에요. 유독 힘들고 괴로워하는 분들에겐 반드시 도와줄 사람이 필요해요. 그런 사람들 중 하나가 바로 정신건강의학과의사들이죠.

저는 의과대학에 들어갈 때만 해도 정신건강의학과에 대한 관심이 크진 않았어요. 공부를 하고 실습을 하면서 이 분야에 흥미를 느끼게 되었죠. 다른 과와 달리 사람들의 내면을 여행한다는 점이 무척 매력적 으로 다가왔거든요. 다른 사람의 삶을 통해 제 인생을 반추하며, 제 자신에 대해 알아가는 것도 마음에 들었죠. 무엇보다 상담과 약물 치료를 통해 일상생활조차 어려워하던 분들이 직장을 가지고 다른 사람과 관계 맺는 걸 보며 보람도 큰일이란 걸 알게 되었고요. 그런 점들이 정신건강의학과에 지원하고, 또 계속해서 이 일을 할 수 있는 요인이 되어 주었죠.

환자 한 사람을 만나고 나면, 마치 짧은 책 한 권을 읽은 느낌이 들어요. 제 진료실에 찾아온 어린 친구들에겐 선생님이 되어 함께 문제의 원인을 찾기도 하고, 때로는 직장인이 되어 상사로 인한 스트레스 때문에 힘들어하는 동료를 위로하기도 하죠. 가끔은 대학생 때로 돌아가 여자친구 혹은 남자친구에 대한 고민을 나누기도 하는데요. 환자들의 이야기를 듣고 있으면, 아주 생생한 책 속에 들어가 있는 듯한 기분이 들거든요. 주인공에게 감정을 이입하듯 그들의 삶을 따라가며 함께 화내고 함께 슬퍼하죠. 누군가의 삶을 온전히 이해하긴 힘들어요. 하지만 상대가 나누고 싶어 하는 부분만이라도 함께 이야기하고 공감하며 그들이 부정적인 감정을 해소하고 좀 더 건강한 삶을 누릴 수 있도록 도울 순 있죠. 누군가의 내면을 여행하며 아픔을 보듬고 그들이 앞으로 나아가도록 등을 밀어주는 일, 정말 보람되고 매력적인 일 아닌가요? 이 매혹적인 정신세계로의 여행에 여러분을 초대하고 싶어요.

첫인사

토크쇼 편집자 – 편

정신건강의학과의사 전진용 – 전

편 먼저 자기소개를 부탁드려요.

전 안녕하세요? 국립정신건강센터에 근무하고 있는 정신건강의학과의사 전진용이라고 해요.

편 이 일을 하신지는 얼마나 되셨나요?

전 제가 의사가 된지는 15년 가까이 되었고, 정신건강의학과의사로 일한 것은 10여 년 정도가 되었네요.

편 의사라는 직업, 그중에서도 정신건강의학과의사를 선택한 특별한 이유가 있나요?

전 처음엔 어떤 명확한 이유가 있어서 의사를 꿈꾼 것은 아니었어요. 많은 의대생들이 그렇듯 아프고 병든 사람들을 치료하면 보람을 느낄 수 있을 거라는 막연한 생각에 의대에 들어갔죠. 예과와 본과를 거쳐 인턴 과정이 끝나면 전공을 선택해야 하는데요. 정신건강의학과에 오게 된 건, 내과나 외과 등에서 해야 하는 치료나 수술이 그다지 제 적성과 맞지 않았기 때문이에요. 그런 과들은 수치나 검사에 의존하는데, 정신건강의학과의 경우 그보다는 환자와의 상담을 통해 그분들의 이야기를 듣는 것에 집중하는 것도 마음에 들었고요. 다양한 치료 방식으로 접근할 수 있다는 점도 좋았죠. 대부분의 과에서는 일반적으로 약물 치료를 하거나 수술을 통해 질병을 낫게 하는 데, 저희의 경우 상담을 할 수도 있고, 부가적으로 미술이나 음악, 독서, 시, 무용, 연극, 놀이 등을 이용한 예술 치료를 할 수도 있거든요. 다른 과 의사가 총이나 칼 하나로 질병과 싸운다면 정신건강의학과의사는 여러 가지 다양한 도구를 이용해 질병을 치료하는 것이죠. 그 점이 저에겐 아주 매력적이었어요.

편 인턴 과정 중 다양한 전공을 경험해 보셨을 텐데요. 처음부터 정신건강의학과에 가야겠다고 생각하신 건가요?

전 의대 본과 때 임상 과목을 배우는데, 그때만 해도 내과나 보건학 및 예방의학에도 관심이 있었어요. 그러다 인턴이 되어 여러 과를 경험해 보던 중 그 어떤 전공보다 정신건강의학과에 큰 관심이 생겼죠.

편 청소년들에게 이 직업을 프러포즈하는 이유는 무엇인가요?

전 사실 모든 직업은 누군가를 돕는 일이죠. 자신만을 위해서 하는 일이라 하더라도 결과적으로는 사회에 보탬이 되잖아요. 수많은 직업 중 유독 사회에 많은 기여를 하는 일들이 있죠. 의사처럼 말이에요. 의사는 아프고 병든 사람들을 치료함으로써 국민들의 건강과 안녕에 기여하는 보람 있는 직업이에요. 의사가 되기 위해서는 의대에 들어가 의학을 전공해야 하는데, 의학 자체가 굉장히 매력 있는 학문이라는 점도 얘기하고 싶네요. 우리의 몸은 굉장히 신비롭죠. 아직 미지의 영역으로 남아있는 부분도 많고요. 과학적인 접근 방식을 통해 우리 몸에 대해 공부하는 것이 저는 매우 재미있었어요. 우리 몸의 다양한 장기를 들여다보고 그 기능들을 알아가는 것은 여러분에게도 분명 흥미로운 일일 거라 생각해요. 한 가지 더 보태자면, 의사라는 직업은 정년이 따로 없다는 것이에요. 물론 종합병원 등에서 근무하는 경우 정년이 정해져 있지만 그 뒤로도 다양한 방식을 통해 건강만 허락한다면 언제까지고 일할 수 있죠. 요즘은 60세 이후에도 일하고자 하는 사람들이 많지만, 모두가 그런 기회를 가질 순 없는데요. 노후에도 계속해서 자신의 경력을 쌓을 수 있다는 것이 이 직업의 좋은 점이죠. 의사라는 직업은 이렇듯 다양한 장점을 가지고 있어요.

그럼 의사라는 직업 전반이 아니라, 정신건강의학과의사에 국한해 얘기해볼까요? 정신건강의학과의사는 다른 과와 달리 환자 한 명 한 명을 깊이 있게 볼 수 있어요. 덕분에 환자들과의 대화를 통해 간접경험을 많이 해볼 수 있는데요. 그 점이 정말 좋았어요. 다양한 삶의 이야기를 접하면서 저와 제 주변을 돌아보게 되고, 그러면서 우리 사회를 바라보는 눈도 좀 더 밝아졌거든요. 그렇게 쌓인 경험이 다음 진료에 도움이 되기도 하고요. 두 번째는 내면을 성찰할 기회가 된다는 점이에요. 누군가의 이야기를 듣고, 그 사람을 이해하기 위해서는 공감을 하는 것이 필요하죠. 다른 사람에 대해 공감한다는 것은 나라면 어땠을까 고민해 본다는 것이고요. 결국 공감하기 위해선 나 자신을 들여다볼 수밖에 없는데, 이런 과정은 스스로를 이해할 수 있는 하나의 계기가 되죠. 그래서 저는 상담을 할 때마다 조금씩 성숙해지는 것 같아요. 마지막으로 꼭 병원이 아니더라도 일할 수 있는 곳이 많다는 점도 얘기하고 싶어요. 예를 들면 지역사회의 치매안심센터나 정신건강복지센터, 성폭력상담센터 등에서 다양한 분들을 만나 도움을 드릴 수 있죠. 그러다 보면 다른 직업에 종사하는 분들과 소통할 기회도 많아지게 되고요. 병원뿐만 아니라 더 넓고 다양한

곳에서 근무할 수 있다는 것도 정신건강의학과의사만의 장점
이라고 생각해요.

흔히들 정신건강의학과에서 다루는 질병을 가장 고독한
질병이라고 하죠. 주변의 이해도가 낮아 투병 과정이 매우 외
롭고 고통스럽기 때문인데요. 이 일은 그런 분들이 마음의 병
에서 헤어 나올 수 있도록 돕는 중요한 일이에요. 누군가를
정확히 읽어주는 일, 다시 말해 온전히 이해하고 공감하는 것
은 쉽지 않지만 그렇기에 더욱 고귀한 일이라고 생각하고요.
너무나 많은 사람들이 마음의 상처를 입고 외롭게 싸우고 있
어요. 그들이 상처와 이별할 수 있도록 도울 수 있는 이 일을
여러분에게 프러포즈해요.

정신건강의학과

의사의

세계

하루 일과가 궁금해요.

편 하루 일과가 궁금해요.

전 저는 국립정신건강센터에서 의무직 공무원 신분으로 일하고 있는데요. 이곳의 근무 시간은 8시 30분에서 5시 30분까지예요. 8시 30분에 출근해서 오전 회진을 돌고 외래 진료가 있는 날이면 외래를 보죠. 종합병원에서 일할 때는 일주일에 5~6세션의 진료를 봤었는데, 현재는 할당된 세션이 그보다 많지는 않아요. 외래 진료 후 학술모임이 있으면 참석하

고, 환자 교육이나 공공사업과 관련된 업무, 병원 행정 업무 등을 하고 나면 일과가 모두 끝나죠.

전에 경기도의 한 종합병원에서 근무할 때는 매일 7시 30분쯤 출근해서 레지던트 선생님들과 회진을 돌았어요. 회진이 끝나면 일정에 따라 외래를 보러 가거나 연구를 하고 점심을 먹었죠. 점심시간이 끝나면 타과에서 의뢰한 환자들을 치료하는 협진을 하고 오후 회진을 돌았어요. 그러는 중간중간 논문이나 책을 함께 보고 토론하는 학술모임을 했고요. 개업의의 경우 보통 오전에 병원 직원들과 간단한 회의를 하고 오전 진료를 본 후 점심을 먹고 오후 진료를 봐요. 종합병원의 봉직의보다는 단조로운 일과를 보내죠.

일하는 곳은 어디인가요?

편 일하는 곳은 어디인가요?

전 대부분의 정신건강의학과의사는 병원에서 일하죠. 많은 분들이 개인병원을 개원해 원장이 되거나 대형병원에서 봉직의로 근무하고 있어요. 일부는 대학병원에서 교수로 재직하기도 하고요. 군대에서 군의관으로 일하는 분들도 있어요. 국방의 의무를 다하기 위해 일정 기간 복무하는 것 말고, 장기 군의관으로 군대에 머무는 사람도 있거든요. 보건소, 국립과학수사연구원, 법무부, 보건복지부와 같은 정부기관에서 정신건강 관련 상담이나 범죄 심리와 관련된 일을 하거나 언론사에서 의학전문기자로 일하기도 해요. 그밖에 지역주민의 정신건강을 돌보는 정신건강복지센터, 성폭력상담센터, 도박이나 알코올 중독 환자들을 돕는 중독관리통합지원센터 등 다양한 정신건강 및 심리 치료 분야에서 일하고 있죠.

시간이 날 때는 어떤 일을 하나요?

편 시간이 날 때는 어떤 일을 하나요?

전 시간이 생기면 주로 책을 읽고, 가끔 넷플릭스에서 영화를 보거나 영어 공부를 하기도 해요. 여행을 무척 좋아해서 시간이 길게 날 때는 여행을 가는 일이 많고요. 또, 요즘은 많이 못 하지만 한동안은 노숙인 진료 봉사활동을 하기도 했어요. 대학생 때부터 그쪽에 관심이 많아 쭉 해오고 있죠.

Job
Propose 32

편 요즘 주요한 관심사는 무엇인가요?

전 최근 명상에 관심이 많아졌어요. 특히 마음의 고통에서 벗어나기 위해 현실을 있는 그대로 편견 없이 바라보는 것을 실천하는 마음 챙김 명상에 관심이 있어요. 저 같은 경우 집에서도 하지만 한 달에 한 번씩 정신건강의학과의사 모임에 나가 다른 분들과 함께 하기도 해요. 요즘은 좋은 명상 어플이 많아서 혼자서도 충분히 시작할 수 있어요. 여러분도 자신에게 맞는 어플을 하나 선택해 스트레스를 관리해 보세요. 어렵지 않아요. 현재의 나 자신과 소리, 호흡에 집중하다 보면 쉽게 따라 할 수 있을 거예요. 꾸준히 하다 보면 머리가 맑게 비워지는 걸 느낄 수 있겠고요.

매력은 무엇인가요?

편 매력은 무엇인가요?

전 가장 큰 매력은 내가 겪어보지 못한 다른 사람의 이야기, 그 미지의 세계를 경험해볼 수 있다는 점이에요. 일의 특성 상 타인의 비밀을 알게 됨으로써 사람들이 보여주고 싶어 하는 모습이 아니라 진짜 모습을 보게 되는데요. 그러면서 점점 삶의 진실에 근접해 가고 있는 게 아닌가 하는 생각을 해요. 또한 그런 경험을 통해 제 심리를 파악하고 행동을 돌아봄으로써 나 자신을 깊이 알아간다는 것도 매력적이죠. 자신이 한 일들을 돌아보며 행동 안에 숨겨진 마음을 살피고 이해하는 것은 매우 중요한 일이라고 생각해요. 우리는 그런 식으로 한 단계씩 성숙해지니까요. 더불어 다른 과와 달리 병원 외에도 일할 수 있는 곳이 다양하고 상대적으로 응급환자가 적다는 것도 이 일의 매력 중 하나라고 생각해요.

개인적인 경험을 얘기하자면, 저는 학창시절엔 굉장히 내성적인 아이였어요. 지금은 좀 달라졌는데, 이 일을 하면서 사람들과 대화를 해야 했기 때문이에요. 치료 요법 중에 집단 치료라는 게 있어요. 한 사람의 치료자가 여러 명의 환자들을 상대로 심리적 갈등을 파악하고 문제행동을 수정해 나가는 치료 방법이죠. 이를 수행하기 위해서는 제가 먼저 인사를 나누고 이야기를 시작할 수밖에 없어요. 그렇게 물꼬를 터도 반응이 별로 없는 경우 대화를 유도하기 위해 제가 겪은 일들이나 감정을 먼저 얘기하는 경우가 많은데, 그런 식으로 진행을 하다 보니 성격이 조금씩 바뀌더라고요. 그리고 제가 화를 잘 내지 않는 성격이긴 한데 그래도 가끔 화가 날 때가 있잖아요. 그럴 때도 화를 낸다고 해서 상황이 달라지는 것도 아닌데 내가 왜 이러지 하고 생각하게 되었어요. 계속 화를 내고 그 일에 집착하는 것보다는 다른 방식으로 대처하는 것이 정신건강에는 더 좋다고 환자들에게 말한 것을 제게도 적용시키는 거죠. 예를 들어 비싼 아이폰을 떨어뜨려 깨져버린 상황에서, 몇 번이고 내가 왜 그랬을까 자책하는 사람들이 많죠. 그렇다고 깨진 아이폰이 원래대로 돌아오는 것도 아닌데 말이에요. 그런 분들에게는 자책이나 원망을 해 봐야 돌아오는 것은 스트레스뿐이고 상황은 절대 변하지 않는다는 것을 늘 설명해요. 스트레스 때문에 잠까지 못 자는 분이라면 억지로 잠을 청하기보다는 음악을 듣는 등 다른 활동을 해 보라고 권하고요. 환자들에겐 권하고 정작 저는 안 할 순 없잖아요. 저 역시 비슷한 상황이 오면 빨리 잊거나 더 이상 생각하지 않기 위해 다른 일을 하다 보니 스트레스를 덜 받아 정신건강에 도움이 되는 것 같아요. 이 일을 통해 친화력이 생기고 긍정적으로 변한 것도 제게는 매력적인 부분이에요.

단점도 있나요?

편 단점도 있나요?

전 글쎄요. 제가 앞서 대학생 때부터 노숙인 진료 봉사를 했다고 말씀드렸죠. 아픈 사람을 돕기 위해 의사가 되었고, 아픈데도 치료를 받지 못하는 분들을 위해 봉사를 시작했는데요. 바쁜 레지던트 기간에도 봉사활동을 꾸준히 했는데, 정신건강의학과를 택하고 나니 봉사에 제한이 좀 있더라고요. 아무래도 그런 분들은 정신건강 상담보다는 다른 과의 치료가 필요한 분들이 많으니까요. 전에 비행기를 탔을 때 닥터 콜이 온 적이 있었어요. 기내에 응급환자가 생겼으니 의사가 있으면 와달라고 한 것이죠. 그때 가서 응급처치를 했는데, 만약 더 전문적인 처치가 필요했다면 다소 긴장을 했을지도 모를 거란 생각이 들었어요. 내과의사나 외과의사였다면 더 익숙하게 처치를 했을 거란 마음에서요.

일하면서 힘든 점도 있는데요. 환자와의 면담이 계속되다 보니 정신적으로 소진이 많이 된다는 것이죠. 그러다 보면 심리적으로 지치기도 하고요. 감정도 전염이 된다고 하는데, 우울한 얘기를 늘 듣다 보니 저 역시 가라앉는 느낌을 가질 때도 있어요. 정신건강의학과의사들이 정기적으로 다른 의사에게 상담을 받는다고 하는데, 그렇진 않고 환자의 감정이 흡수되지 않도록 훈련을 해요. 또는 각자 자신에게 맞는 방식으로 해소를 하고 있죠.

기억에 남는 사건이나 환자가 있나요?

편 기억에 남는 사건이나 환자가 있나요?

전 기억에 남는 분들이 많아서 어느 한 분을 얘기하기가 어렵네요. 가장 먼저 떠오르는 분은 오랫동안 봤던 탈북민이에요. 북한을 탈출하면서 심리적 외상을 입은 데다, 이곳 생활에 적응하는 것이 매우 어려워 5년이라는 긴 세월 동안 상담을 받으셨죠. 매우 많은 수의 탈북민들이 외상 후 스트레스 증상으로 힘들어하세요. 갑작스러운 환경 변화를 겪으면서 성장과정에서 형성된 자아정체감에 혼란이 오는 분들도 있고, 북한에서 겪었던 충격적 사건으로 인해 정신건강의 어려움을 호소하는 분들도 있죠. 북한에 남겨진 가족에 대한 죄책감, 가족과의 이별로 인한 아픔, 달라진 생활에서 오는 위축감 등을 가진 환자도 많고요.

학원에서 공부를 하는 자녀를 데리러 가던 아버지가 교통사고를 당해 사망한 경우도 있었어요. 아이는 아버지의 죽음이 자신의 탓이 아닌데도 이 상황이 나에게서 시작된 것이라 생각해 스스로를 가혹하게 꾸짖고 책망했죠. 자책이 깊어져 우울증에 빠졌고, 결국 대인을 기피하며 사람이 많은 곳을 피하게 되면서 밖에 나가는 일도 현저히 줄었어요. 그 아이도 기억에 많이 남네요. 이 경우처럼 대인기피증이 심해지면 사회생활에 문제를 일으키게 되며, 환자가 스스로를 쓸모없는 인간이라고 느껴 정신적인 고통을 받게 되죠. 모든 병이 그렇듯 초기에 병원을 찾는 것이 중요해요. 이런 경우 역시 빠른 상담을 통해 병을 정면으로 마주하고 극복해 나갈 길을 찾아야겠죠.

엄마와 떨어져 살던 어린아이가 환자로 온 적도 있었어요. 상담을 하던 중 눈이 안 보이고 머리가 아프다고 해서 안과에 데려가 시력을 측정했는데 2.0이 나오더라고요. 아이들도 우울감을 느끼지만 잘 표현하지는 못하죠. 해소 방법도 알지 못하고요. 이 아이도 엄마와 떨어져서 생활하며 겪은 스트레스나 불안감 등의 감정을 다른 방식으로 표출했던 것 같아요. 문제의 원인을 파악하고 엄마와 다시 살게 되면서 좋아졌는데요. 유아에서 발생하는 우울증은 가만히 놔둔다고 좋아지지 않아요. 오히려 감정 조절이 어려워지고 학습장애나 사회성 감소, 게임 중독 등으로 이어질 수 있죠. 그러니 아이들을 세심하게 관찰하고 이상행동이 발견될 경우 도움을 받는 것이 필요해요.

편 소개해 주신 사례처럼 우울증으로 병원을 찾는 분들이 많은가요?

전 네. 최근 들어 우울증이나 불안증으로 내원하는 분들이 꽤 늘었죠. 그중에는 상담 또는 약물 치료를 통해 완치된 분들도 많고요.

다른 과와 달리 증상이 있어도
병원을 찾기가 쉽지 않아요.

편 다른 과와 달리 증상이 있어도 병원을 찾기가 쉽지 않아요.

전 그렇죠. 여전히 보이지 않는 장벽이 있는 것은 사실이에요. 꽤 많은 사람들이 정신건강의학과에 오는 분들을 환자가 아니라 비정상적인 사람으로 보는 것이죠. 그들에게 부정적인 감정을 품기도 하고요. 이를테면 참을성이 부족하다거나 의지가 약하다면서요. 선입견이 심한 경우 정신건강의학과는 미친 사람이 가는 곳이라고 생각하기도 하고요. 그런 편견이 있다 보니 문제를 자각해도 병원에 가는 것을 꺼려 하는 경우도 있어요. 그렇지만 예전보단 나아지고 있어요. 정신건강의학과의사들이 방송 등에 출연해 올바른 정보를 전달한 것도 편견을 깨는 데 도움을 주었죠. 우울증의 경험을 다룬 책들이 베스트셀러가 되고, 우울증이나 공황장애를 겪었던 유명인들이 자신의 병을 공개함으로써 누군가의 특별한 문제가 아니라 나와 가까운 사람들의 일반적인 이야기로 받아들이게 된 점도 있고요. 덕분에 최근에는 스스로 상담의 필요성을 느껴 오는 분들이나 인터넷의 우울증 자가 검진을 통해 병을 예단

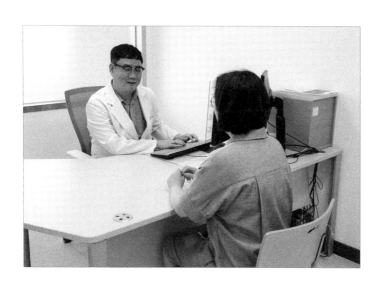

하고 내원하는 분들이 늘었어요.

편 우울증이 의심되지만 두려움 때문에 병원이 꺼려지는 분들에게 해 주고 싶은 얘기가 있다면요?

전 우리는 상처받기 쉬운 세상을 살아가죠. 사람들은 너무나 쉽게 그 상처가 정신력이나 의지로 이겨낼 수 있다고 얘기해요. 그렇지 못한 사람은 마음이 단단하지 못한 사람으로 취급받죠. 그런 편견이 있는 것은 사실이지만 그 시선 때문에 계속 혼자 아파하지 않았으면 해요. 병은 정신력이나 의지로 완치되지 않아요. 우리가 가벼운 감기에 걸렸을 때 집에서 푹 쉬면 나을 수도 있어요. 하지만 심한 경우 기관지에 염증이 생기고 폐렴으로 넘어갔다면 병원에 가서 치료를 받아야 하잖아요. 우울증도 마찬가지예요. 단순히 우울한 기분이 든다고 병원에 가야겠다고 생각하지는 않죠. 갈 필요도 없고요. 우울증의 경우 본인도 어느 정도 심각성을 느끼게 되는데, 그럴 때는 반드시 도움을 받으셨으면 해요. 우울증 역시 초기에 치료를 받아야 효과가 크다는 것도 알아두시고요.

편 앞서 인터넷 검색을 통해 자신의 병을 예단하고 내원하는 분들이 있다고 하셨는데요. 그런 분들이 많은가요?

전 네. 사실 예전에는 정보의 비대칭이 심했잖아요. 의사는 많은 정보를 알고 있고 환자는 그렇지 못했죠. 그런데 지금은 인터넷이라는 거대한 통신망이 있기 때문에 의사만큼은 아니지만 환자도 마음만 먹으면 매우 자세한 정보까지 얻을 수가 있어요. 정보의 불균형이 깨지면서 의사에게 다양한 요구를 하는 환자가 늘었고, 앞서 얘기한 대로 자신의 병을 예단하고 병원을 찾는 사람도 늘었죠. 오류나 검증되지 않은 정보까지 모두 믿으면 안 되겠지만 저는 이런 식으로 방문하는 것도 나쁘지 않다고 생각해요. 정보를 통해 병을 빨리 인지하고 초기에 내원하는 것은 치료에 큰 도움을 주거든요. 현대사회에서 환자가 정보를 가지는 건 당연한 일이에요. 오히려 그 점을 잘 활용하는 것이 필요하겠죠.

가장 어려웠던 환자는 어떤 경우인가요?

편 가장 어려웠던 환자는 어떤 경우인가요?

전 정신건강의학과를 방문하는 환자에게 가장 중요한 것은 치료이긴 하지만 그에 못지않게 사회적 자원도 매우 중요해요. 예를 들면 이런 거예요. 우울증 환자 두 명이 있다고 해 봐요. A는 배우자 또는 자녀와 함께 살며, 어느 정도의 수입과 재산을 가지고 있죠. 반면 B는 가족 없이 혼자 살고 있으며, 가진 재산도 별로 없어요. A의 경우 상담과 약물 치료를 통해 병을 이겨내는 것이 수월하다면, B는 상대적으로 극복하는데 어려움이 있죠. 모든 경우가 이런 식으로 결론나지는 않지만, 돈도 없고 사랑하는 사람도 없고 사는 게 의미가 없다며 죽고 싶다고 하는 사람이 치료를 통해 조금씩 좋아진다고 해도 인간관계나 경제력, 사회적 기반 등 삶의 이유를 계속 찾지 못한다면 완치가 힘들거든요. 의사로서는 도울 수 있지만 사회적 자원까지 지원해 줄 수는 없으니 그런 분들을 만나면 무기력해질 때가 있어요. 어렵지만 이겨낼 수 있도록 그들의 좋은 점을 찾아내 얘기해 주는 등 다양한 방법을 통해 돕고 있죠.

편 정말 다양한 고민을 들으셨을 텐데요. 그중 인상 깊었던 내용이 있다면요?

전 공감이 잘 가지 않아 인상적이었던 고민이 있었어요. 한 부유한 환자가 왔는데, 확실한 금액은 기억나지 않지만 대략 수십억 원을 손해 봐서 너무 우울하다는 거예요. 수십억이라니, 제 상황과는 너무 동떨어진 얘기라 상대적으로 공감이 덜 하더라고요. 하지만 그렇다고 그분의 심정을 이해하지 못하는 것은 아니었어요. 사람이 꼭 자신의 상황과 비슷한 것만을 이해하고, 유사한 일을 겪은 상대에게만 공감하는 것은 아니잖아요. 예를 들어 제가 시집살이를 안 해 봤다고 해서, 고부간의 갈등을 이해하지 못하는 건 아니죠. 다른 환자들에 비해 공감은 덜했지만 굉장히 인상적인 고민이었어요.

편 특별히 치료하기 어려운 환자도 있겠죠?

전 치료가 어려운 환자는 자신의 얘기를 잘 하지 않아 리소스가 부족하거나 복합적인 양상을 가진 분들이에요. 예를 들어 최근에 암 진단을 받은 환자가 분노와 원망 때문에 괴로워 내원했어요. 이분은 얼마 전에 당한 심한 교통사고의 충격이 아직 가시지 않은 데다, 어렸을 때 경험한 따돌림의 기억으로 여전히 대인관계를 힘들어하던 분이죠. 이런 경우 여러 가지 트라우마가 복합되어 치료가 더 어려워요.

📝 자신의 얘기를 잘 하지 않는 환자도 치료가 어렵다고 하셨는데요. 병원까지 와서 왜 자신의 얘기를 털어놓지 못할까요?

📝 스스로 왔을 때는 보통 말을 잘 하는데요. 가족과 함께 오는 환자 중에는 말을 하지 않는 경우가 종종 있어요. 사실 침묵도 하나의 표현이에요. 나는 당신과 얘기하고 싶지 않다는 뜻일 수도 있고, 엄마가 옆에 있는 동안은 자세한 얘긴 하고 싶지 않다는 뜻일 수도 있죠. 또 지금 당장 이 이야기를 하면 너무 힘들 것 같아 잠시 시간을 달라는 표현이기도 해요. 침묵에도 각각 나름의 의미가 있죠. 스스로 내원한 환자라 해도 첫 만남에서 모든 걸 얘기하지는 않아요. 제 스승께서는 환자가 몇 번째 상담 만에 자신의 얘기를 시작했는지도 중요한 포인트라고 하셨죠. 의사와 환자의 관계지만, 넓게 보면 이것도 인간관계이기 때문에 사람들은 친밀감을 느껴야 자신의 이야기를 들려주거든요. 환자들이 준비가 될 때까지 기다려주는 게 필요해요.

침묵을 대하는 것도 상담의 한 방법이죠. 오셔서 아무 말도 하지 않는 분도 있는데, 그럴 때는 저도 1분 정도 가만히 있어요. 그래도 말을 하지 않으면, 지금 1분 동안 아무 말도 안 하셨는데, 그동안 무슨 생각을 하셨는지 묻죠. 그렇게 물어도 대부분은 아무 생각도 안 했다고 해요. 그럴 때는 이런 식으로 얘기하기도 하죠. 예를 들어, '저는 잠깐의 시간이지만 그동안에도 이런저런 생각이 들었어요. 제가 치료를 잘하고 있는가 하는 생각도 했고요. 환자분께서도 이런저런 생각들이 들었을 것 같은데요. 어렵게 생각하지 마시고 그때그때 떠오르는 생각을 자연스럽게 말씀해 주세요.'라고요. 만약 그래도 별 대답이 없으면, 그래도 아까보다는 표정이 좀 편안해진 것 같아요, 오늘은 환자분이 많이 힘들었다는 걸 제가 이해한 시간이었으니 다음에 만나면 한마디라도 들었으면 좋겠다고 얘기하기도 해요. 언어는 다양한 의미를 담고 있어요. 예를 들어 어떤 사람이 다른 사람에게 가방이 참 예쁘다고 말하면 진짜로 가방이 예쁘다는 의미도 되지만, 나는 당신에게 관심이 있다는 의미도 되거든요. 침묵도 마찬가지예요. 대화를 하다 생기는 침묵에는 각각의 의미가 있고, 그 의미를 찾아내는 것도 중요한 일 중 하나죠.

편. 사람마다 성격이나 성향이 다르다 보니 상담이란 게 정말 힘들 것 같아요.

전. 그렇죠. 좋은 상담자가 되기 위해선 상대방의 입장을 이해하는 것이 중요하기 때문에, 저희는 의대생일 때 환자가 되는 경험을 해 봐요. 서로 환자 역할을 하기도 하고 어떤 경우에는 환자가 되어 진료 순서를 기다리기도 해요. 기다림이 길어지면 짜증이 나기도 하잖아요. 환자의 입장이 되어 그런 기분도 느껴보는 거죠. 상담을 잘하려면 상담을 받아보는 것도 필요하다고 생각해서 정신 치료를 받는 의사들도 있어요. 저 역시 레지던트 때 1년 정도 그룹 상담을 받은 적이 있는데, 좋은 경험으로 남아있어요.

정확하고 올바른 정보에 접근하려면
어떻게 해야 하나요?

편 의학정보가 넘치는 시대에 살다 보니 제대로 검토하지 않고 실은 기사나 오류로 보이는 기사를 접하기도 하는데요. 정확하고 올바른 정보에 접근하려면 어떻게 해야 하나요?

전 인터넷에는 누구인지 알 수도 없는 익명의 블로거들이 올린 과장 또는 허위 정보가 넘쳐나죠. 기자가 쓴 기사인데도 출처가 불분명하거나 오류를 범한 것도 많고요. 인터넷에는 일반인들이 질문을 하면 소위 전문가라는 사람들이 답변을 해 주는 곳이 있는데요. 그 내용을 보면 질문과 무관하거나 광고성 글, 또는 의학적인 근거가 전혀 없는 답변들이 넘쳐나죠. 또 다른 문제는 이런 잘못된 정보들이 계속해서 재인용된다는 사실이에요. 많은 분들이 내용의 진위 여부조차 확인하지 않고 이곳저곳으로 기사를 옮겨 나르며 다른 사람들과 공유하잖아요. 모든 허위 과장 정보가 사람들에게 작고 큰해를 끼치지만 의약에 관한 허위 정보는 우리 국민들의 건강에 영향을 줄 수 있기 때문에 더욱 중요하다고 볼 수 있어요. 내용이 정확하고 객관적이며 과학적으로 검증된 것인지 먼저 확인해야 하지만 일반인이 그렇게 하긴 어렵죠. 차선책으로 정보의 출처가 분명한지, 권위적이면서 믿을 수 있는 언론사의 기사인지 살펴보며 올바른 의학정보를 잘 선별해 내면 좋겠어요.

진료하다 어려움이 생기면 어떻게 하나요?

편 진료하다 어려움이 생기면 어떻게 하나요?

전 드물지만 폭력적 성향을 동반한 정신질환 환자가 아니더라도 갑자기 폭력적이 되는 경우가 있어요. 그럴 땐 사고가 나지 않도록 병원 내의 다른 사람에게 연락해 도움을 받지요. 일부 인격장애나 정신병적 장애, 약물중독 환자의 경우 폭력적인 행동이 나타날 위험이 있고, 실제로도 그런 환자에게 공격을 받아 상해를 입는 경우가 있었는데요. 이를 예방하기 위해서는 자신에게 위험할 수 있는 상황을 빨리 알아채야 하며, 환자가 폭력적인 행동을 조절할 수 없는 상황에 대비하여 의사 자신의 안전을 고려해야 하죠. 이를테면 폭력에 경각심을 갖고 진료실에 흉기가 될 수 있는 무거운 물건을 두지 않으며, 비상벨이나 비상전화를 설치해두는 것이에요. 하지만 폭력적인 환자들은 소수이며, 수련 기간 동안 그런 환자들과 마주했을 때 어떻게 대처해야 하는지 배우기 때문에 크게 걱정할 필요는 없어요.

이 외에 환자의 상태를 정확하게 설명하기 애매한 경우나 치료가 잘되지 않는 경우가 있어요. 그럴 때는 함께 근무하는 의사들에게 연락해 상의하기도 해요. 매우 드문 질환인 경우라면 논문 등을 검색해 알아보고요. 내과나 외과에서는 케이스 콘퍼런스라고 효과적인 치료나 수술법을 검토하고 토론하는 회의를 하는데요. 아마 의학 드라마 같은 데서 비슷한 장면을 본 적이 있을 거예요. 저희 과에서도 이처럼 우울증에 어떤 약을 쓰는데 경과가 좋지 않다, 어떻게 접근을 하면 좋을까 등의 의견을 나누며 다른 의사들의 조언을 참고하기도 해요.

편. 병명이 확실치 않은 경우도 있나요?

전. 그런 경우도 있겠죠. 특히 정신건강의학과의 경우 환자의 말과 행동을 통해 병을 진단하는 경우가 있는데 환자가 제대로 이야기를 하지 않는다면 정확한 병명을 알 수가 없을 거예요. 그럴 때는 심리학자들의 도움을 받기도 해요. 다양한 심리검사를 통해 환자의 정서나 성격, 생각을 알아보는 것이죠. 예를 들면 다면적 인성 검사, 로르샤흐 검사, HTP 검사, 벤더 도형 검사, 주제통각 검사, 문장 완성 검사 등을 이용하는데요. 이중 정확한 이름은 몰라도 다들 한 번씩은 접했을 검사가 바로 로르샤흐 검사예요. 스위스의 정신의학자 H. 로르샤흐가 발표한 심리 진단 검사로 열 가지 잉크 얼룩 그림을 환자에게 보여서 환자의 태도나 감정, 성격, 대인관계 등을 판단하죠. HTP^{House-Tree-Person} 검사는 환자가 종이와 연필을 이용해 그린 집과 나무, 사람을 통해 성격 발달이나 정서, 역동성 등을 파악하는 검사법이에요. 지적 수준의 평가도 가능하며, 조현병이나 조울증, 신경증의 부분적 양상을 파악할 수도 있죠. HTP 검사를 한다면, 어떤 성별의 사람을 그릴 것 같으세요?

편 음, 저와 같은 여성을 그릴 것 같은데요.

전 그렇군요. 대부분의 사람들이 자신과 같은 성별의 사람을 그려요. 남성은 남성을, 여성은 여성을 그리죠. 간혹 반대되는 성의 사람을 그리는 경우가 있는데, 그때는 종이 한 장을 더 제시해 동성의 사람을 그리도록 해요. 이렇게 반대되는 성의 사람을 그리는 경우 환자의 환경에 어떤 이슈가 있었음을 고려해볼 수 있죠. 예를 들어 남성이 여성을 그렸다면 최근에 여자 친구와 헤어졌다거나, 어머니와 갈등이 있다거나 하는 식으로요. 요즘에는 병역을 거부하는 사람들이나 교통사고로 보상을 받으려는 사람들에게 이러한 검사를 실시하기도 해요. 자신의 감정을 허위로 진술하는지, 아니면 실제로 겁이 매우 많아 불안감 때문에 병역을 거부하거나 교통사고로 인한 트라우마를 겪고 있는지를 판별해내는 것이죠. 신체 질환은 여러 진단법을 통해 상대적으로 증명이 쉽지만, 정신과적 질환은 뇌 CT나 MRI를 찍는다고 병명이 나오는 것이 아니라 이러한 검사법들이 보조적으로 이용되고 있어요.

편 아무래도 사람이 판단을 하는 일이라 오진이 있을 수도 있겠는데요?

전 다른 과에서 말하는 오진과는 그 성격이 다르지만 환자가 의사를 완전히 속여 병명에 대한 판단을 어렵게 하는 일이 있을 수 있어요. 예를 들어 우울하지 않은데 우울증인 것처럼 연기를 하는 것이죠. 신체적 질환을 심리적인 것으로 잘못 판단하는 일도 있을 수 있겠죠. 예를 들면 전환장애가 아닌데 그렇게 진단하는 경우예요. 전환장애란 심리적인 원인에 의해 주로 운동기능 혹은 감각기능에 이상 증세나 결함이 나타나는 질환을 말하는데요. 심리적인 원인이 아닌데도 환자의 전체적인 상황을 고려하다 보니 전환장애로 진단하는 일이 있을 수 있죠. 제가 종합병원 응급실에 근무할 당시 쇼크로 쓰러진 환자가 온 적이 있었어요. 남편이 사망해 장례 절차를 치르던 부인이었는데, 이런 경우 남편의 사망으로 인한 정신적 충격 때문에 쓰러졌다고 판단하는 일이 많아요. 보통은 전환장애나 히스테리성 실신이라고 진단을 하죠. 그런데 혹시 몰라 뇌 CT를 찍고, 검사 결과를 확인해 보니 뇌졸중이더라고요. 뇌로 가는 혈류가 막혀 몸의 일부가 마비되어 쓰러진 것이었죠. 뇌 검사를 하지 않았더라면 감당할 수 없는 스트레스로 인해 실신했다는 진단을 했을지도 몰라요. 그런 식의 오진이 있을 수 있기 때문에 정신건강의학과 문제뿐만 아니라 다양한 가능성을 생각해 보는 것이 필요하죠.

일을 잘 수행하기 위해
따로 노력하고 있는 것이 있나요?

편 일을 잘 수행하기 위해 따로 노력하고 있는 것이 있나요?

전 다양한 간접경험을 많이 하기 위해 노력하는데, 그중 가장 좋은 것이 독서더라고요. 그래서 평소 책을 많이 읽으며 다른 사람의 마음을 이해하기 위해 애쓰고 있어요. 최신 지견을 습득하기 위한 노력도 하죠. 사실 의학 분야는 발전이 매우 빠른 편이라 계속해서 최신 지견을 업데이트하지 않으면 뒤처질 수밖에 없어요. 지금 사용하는 약만 해도 수련의 때는 보지 못했던 것들도 있거든요. 정신질환의 진단 과정이 바뀌기도 하고요. 전에는 혈당 140 이상을 당뇨로 봤는데, 지금은 126부터 당뇨로 보잖아요. 정신건강의학과에도 이런 변화들이 있죠. 그래서 늘 최신 논문이나 책을 찾아보고, 학회에 참석해 새로운 치료법 등을 공유하고 있어요. 정신건강의학과 관련된 사회 이슈들도 꼼꼼히 챙겨보고 있는데요. 최근에는 조현병이라든지 게임 중독, 음주단속 기준 변경 등과 관계된 내용을 찾아보기도 해요. 신문기사나 칼럼 등을 통해 다양한 실례를 접할 수 있고, 다른 전문가들의 의견을 들을 수 있어 큰 도움이 되고 있어요.

애로 사항이 있나요?

편 애로 사항이 있나요?

전 사회적으로 볼 때 환자와 의사 간의 신뢰관계가 예전보다 많이 약화된 것 같아 아쉬워요. 의사를 바라보는 시각도 다소 안 좋은 쪽으로 변했고요. 환자를 돈을 벌기 위한 수단으로만 본다고 생각하는 분들도 있죠. 그런 편견으로 인해 상처를 받을 때도 있었어요. 그렇지만 그렇게 된 데에는 의료제도의 구조적 문제 등 여러 가지 원인과 더불어 의사의 과오도 있으니 저희 역시 관계 회복을 위해 노력해야겠죠. 사회와 환자가 변했는데, 의사의 사고만 예전에 머물러 있다면 둘 사이의 벌어진 골은 더 깊어질 테니까요.

개인적인 애로 사항이라면, 너무 바빠서 자신과 주변을 챙기는 것이 어렵다는 점이에요. 의사로 일하고 있지만 본인의 건강을 위해 병원을 방문하는 것조차 쉽지 않죠. 하루 종일 진료하느라 바쁘다 보니 건강검진일이 계속 미뤄지기도 해요. 꾸준히 복용하는 약이 있는데, 약을 다시 처방받기 위해 외래에 방문해야 하지만 그것도 차일피일할 때도 있고요. 저 뿐만 아니라 주변 사람들이 아파도 제 환자를 보느라 그쪽은 신경을 쓰지 못하기도 해요. 저만 그런 것이 아니라 많은 의사들이 바쁜 일정으로 인해 정작 자신의 건강은 돌보지 못하는 경우가 있어 아쉬울 때가 있어요.

아픈 사람을 계속 대하다 보면 스트레스를
받을 것 같은데, 어떻게 해소하나요?

편 아픈 사람을 계속 대하다 보면 스트레스를 받을 것 같은데, 어떻게 해소하나요?

전 영화를 보거나 음악을 들어요. 운동도 하고 시간이 길게 날 때는 여행을 하고요. 그렇지만 무엇보다 힘들었던 케이스 등 일과 관련된 고민을 얘기하다 보면 스트레스가 풀리더라고요. 의사가 아닌 친구들은 100퍼센트 공감을 하지 못하기 때문에 보통은 동기들과 얘기를 나누죠. 서로 이해도 빠르고 유사한 경험을 한 적도 있어 대화가 수월하거든요. 그래서인지 대학 동기들과도 고등학교 때 친구들만큼 친하게 지내고 있어요. 일반대학의 친구들보다 훨씬 긴 시간을 함께 했던 이유도 있고요. 의대 6년, 인턴 1년, 레지던트 3~4년이면 10년이 넘는 기간이잖아요. 또 저 같은 경우 개업의가 아니고 의사들이 많이 근무하는 병원에서 일하다 보니 함께 근무하는 또래의 선생님들과도 이런저런 이야기를 하며 스트레스를 풀고 있어요.

편 너무 힘들어서 포기하고 싶었던 적은 없으셨나요?

전 전문의가 되고 난 이후론 그런 적이 없지만 인턴과 레지
던트로 근무하던 때에는 잠깐이지만 그만 둘까 생각했던 적
이 있었어요. 워낙 할 일이 많고 잠을 제대로 잘 수가 없어 너
무 피곤하고 힘들었거든요. 요즘에는 전공의특별법이 시행되
어 상황이 많이 나아졌지만, 당시에는 밤에 당직을 서고 다음

날 낮에 또 나와 근무를 하기도 했어요. 백일 당직이라고 들어보셨나요? 예전에는 레지던트 1년 차에게 최소 3개월에서 많게는 100일간 당직을 세웠어요. 저 역시 레지던트가 되고 2월 내내 당직을 서다 다음 달에 잠깐 외출을 했는데, 그새 계절이 바뀌어 저 혼자만 두꺼운 코트를 입고 있었던 기억이 있어요. 잠도 잘 못 잤지만 수련 기간 중에는 제때 밥을 챙겨 먹기도 어려워요. 식사 시간이 불규칙한데다 너무 짧아서 끼니를 놓치게 되면 밥은 무조건 불지 않거나 빨리 먹을 수 있는 것으로 주문했죠. 저뿐만 아니라 다들 그렇다 보니 예민해진 사람이 많아 크고 작은 트러블이 종종 발생하기도 했고요.

편 의사 생활을 하면서 슬럼프가 온 적은 없으셨나요? 있다면 어떻게 극복했는지 궁금해요.

전 깊은 슬럼프에 빠진 적은 없지만, 간혹 내가 이 일을 잘하고 있나? 내가 가는 이 길이 맞는 방향인가? 하는 생각이 들 때가 있어요. 나와 내 일, 앞으로 가야 할 방향에 대해 고민할 때가 있죠. 앞서 잠깐 스트레스 해소법에 대해 얘기했지만, 이런 고민 역시 주변의 좋은 분들과 대화를 하다 보면 길이 보이는 경우가 있어요. 환자들의 경과가 좋아지면 거기서 해답을 얻기도 하고요. 사실 정신건강의학과가 외과처럼 극적으로 치료되는 곳은 아니죠. 더디지만 차근차근 단계를 밟아가며 면담을 진행한 결과, 죽고 싶다던 사람이 사회의 한 구성원으로 열심히 살아가는 것만 보아도 제겐 큰 힘이 되죠. 보람도 느끼고요.

성취감을 느끼는 순간이 있나요?

편 성취감을 느끼는 순간이 있나요?

전 사람 마음 참 알 수가 없죠. 어렵기도 하고요. 또 사람은 잘 변하지 않는다고도 하잖아요. 그렇게 보면 이 일은 정말 힘든 일인데요. 그런 만큼 절대 변하지 않을 것 같던 분이 제 노력으로 인해 긍정적인 방향으로 바뀌는 것을 볼 때면 정말 뿌듯하고, 무엇보다 큰 성취감을 느껴요. 상담을 오래 하다 보면 일부 환자들은 저에게 의지하기도 하는데, 그런 느낌을 받으면 제가 그들에게 소중한 존재라는 생각이 들어 기쁘기도 하죠. 긴 시간 서로 이해하고 마음을 나누며 신뢰관계를 쌓다 보니, 완치가 되어 헤어질 때 슬퍼하는 환자들도 있어요. 의사들도 그런 감정을 느낄 때가 있고요. 저 역시 병원을 옮기면서 기존의 환자들과 만날 수 없게 되어 매우 아쉬웠던 기억이 있어요. 계속해서 얘기를 들어드리고 싶었는데, 거리가 멀어 그분들이 이곳까지는 올 수 없었죠. 환자 입장에서는 헤어짐의 경험도 성장의 한 요인이 될 수 있다는 생각으로 아쉬움을 달랬어요. 아무래도 타과와 달리 환자와 의사 간에 유대감이 생성될 수 있는 환경에 있다 보니 이별이 더 크게 다가오는 것 같아요. 언젠가 처음 보는 환자가 왔는데, 그전 병원의 환자 소개로 왔다는 거예요. 제 상담이 매우 편안하고 좋다는 얘기를 듣고 왔다는데, 기분도 좋았지만 잘 하고 있다는 칭찬 같아 뿌듯했죠.

의사를 꿈꿨을 때와 의사가 되고 난 후
달라진 점이 있다면요?

編 의사를 꿈꿨을 때와 의사가 되고 난 후 달라진 점이 있다면요?

全 학생 때는 의사라고 하면 자신의 삶을 내던지고 어디든 아픈 사람이 있으면 가서 돕는 멋진 사람이라고 생각했어요. 다들 슈바이처처럼 봉사정신이 투철하고 인류애를 실천하는 사람이라고 생각했죠. 하지만 실제 의사가 되어 일을 하다 보니 그러한 생각이 조금 비현실적이기도 하고, 또 얼마나 어렵고 대단한 일인지 알겠더라고요. 〈태양의 후예〉라는 드라마가 있었어요. 낯선 땅, 극한의 환경 속에서 펼쳐지는 군인과 의사들의 삶을 다룬 드라마인데요. 어떤 장면을 보는데, 의사가 감염 환자가 있는 곳에 보호 장구 없이 그냥 들어가더라고요. 자신의 안위나 목숨보다 환자를 먼저 생각해 한 행동이라지만, 실제 현실에선 그런 상황은 거의 있을 수 없죠. 도움을 필요로 하는 환자 한 명과 의사 한 명을 배출하기 위한 긴 시간과 노력, 의사 개인의 삶 등을 저울질하는 것이 쉬운 일은 아니잖아요. 또 장기적으로 볼 때, 그 의사가 치료할 수 있는

다른 환자를 생각하면 바람직한 것이 아니기도 하고요. 물론 개인적인 이익을 모두 포기하고 국경없는의사회 등에 소속되어 위험을 감수하며 고통받는 세계 각지의 주민들을 위해 봉사하는 분들도 있는데요. 저는 그런 분들처럼 살지는 못하지만 지금 제 자리에서만큼은 최선을 다해 환자들을 보려고 해요. 다른 사람을 돕고자 의사가 되었던 그 초심만은 잃고 싶지 않고요. 그 첫 마음가짐이 제가 계속 앞으로 나아갈 수 있는 원동력이기도 하죠.

편 그밖에 이 일을 계속해 나갈 수 있는 원동력이 있다면요?

전 초심도 중요하지만 감정에 휩쓸리지 않도록 중심을 잡는 것이나 스트레스 관리, 체력도 중요한 요소예요. 실은 어제 당직을 서고 오늘 이렇게 인터뷰를 하는 것인데, 아주 힘들지는 않아요. 평소 기본적인 체력 관리를 하기도 하고, 레지던트 때부터 해왔던 일이기도 하니까요. 환자가 좋아지는 것도 매우 기쁘고 보람된 일이라 그런 부분도 빼놓을 수 없는 요소고요. 면담은 기본적으로 환자를 돕는 것이지만, 그분들과의 대화를 통해 저 역시 얻는 것이 많아 큰 원동력이 되기도 해요. 다른 과 의사들의 경우 환자를 보는 경험이 쌓일수록 실력이 늘기도 하죠. 하지만 그로 인해 인격이 성숙해지는 일은 드물어요. 하지만 저희 정신건강의학과의사들은 환자를 보다 보면 조금씩 성숙해진다고 생각해요. 일의 특성상 고통을 겪는 사람들의 삶을 자세히 들여다봐야 하니 그분들이 처한 상황에 대해 계속해서 생각하고 고민하게 되니까요. 도무지 헤어날 길 없어 보이는 고통 안에서 힘들어하는 분들을 위해 뭔가 할 수 있다는 사실, 그분들을 도우며 저도 성장한다는 사실이 무엇보다 저의 가장 큰 원동력이죠.

어떤 마음의 자세로 일하세요?

[편] 어떤 마음의 자세로 일하세요?

[전] 진인사대천명이라는 말이 있죠. 인간으로서 해야 할 일을 다하고 나서 하늘의 뜻을 기다린다는 뜻인데요. 의사가 환자 개개인에 맞는 약을 쓰고 최선을 다해 수술을 하는데도 어떤 분은 수술이 잘 되고, 어떤 분은 수술 결과가 좋지 않죠. 수술이 성공적이더라도 이후의 경과가 나쁜 경우도 있고, 그 반대의 경우도 있어요. 현재의 의학기술로는 고칠 수 없는 병도 굉장히 많고요. 의사 개인의 실력과는 무관하게 벌어지는 일들을 생각하면 질병 앞에서 겸손해질 수밖에 없어요. 환자나 보호자, 함께 일하는 동료들을 존중하는 것부터 시작해 겸손함이 일상에 배어들도록 노력하고 있죠. 각계각층의 환자들이 들려주는 다양한 이야기를 열린 마음으로 듣기 위한 노력도 하고 있어요. 명상은 열린 마음으로 바라보는 연습을 하기에 아주 좋아요. 이런저런 생각으로 어지러워진 머리에 잔잔한 평안을 주며, 마음을 열어주거든요.

환자를 대할 때 특히
신경 쓰는 부분이 있다면요?

편 환자를 대할 때 특히 신경 쓰는 부분이 있다면요?

전 첫인상은 소통의 시작으로 매우 중요한 단계예요. 첫인상 5초의 법칙이란 것도 있잖아요. 말 그대로 사람의 인상은 만난 지 5초 만에 결정이 된다는 것이죠. 첫 만남에서의 인상, 즉 처음 들어오는 정보는 머릿속에 아무것도 없는 상태에서 들어오기 때문에 액면 그대로 받아들여져서 상당한 영향을

주게 돼요. 그런 만큼 좋은 이미지를 주기 위해 환자와의 첫 만남에 꽤 신경 쓰는 편이죠. 하나 더 얘기하자면, 환자들의 비판이나 그분들의 주장을 존중하려고 해요. 간혹 어떤 분들은 설명을 왜 그렇게 하냐며 트집을 잡기도 해요. 그럼 저도 기분이 나빠질 때가 있지만 그런 비판까지 수용하기 위해 노력하죠. 또 어떤 분들은 제 권유를 받아들이는 대신 약물 치료만 받겠다, 약물 치료는 싫고 상담 치료만 받겠다며 자신의 주장을 굽히지 않는데요. 정말 말도 안 되는 경우가 아니라면 그런 주장도 존중해드려요. 어쨌든 지속적인 치료를 위해서는 환자와 좋은 관계를 맺는 것이 선행되어야 하니까요.

정신건강의학과

의사란

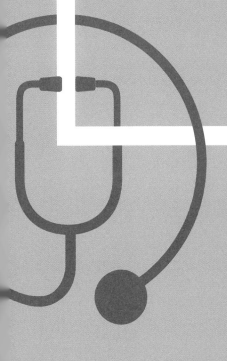

의사라는 직업에 대해 간단히 소개해 주시고, 정신건강의학과의사에 대해 구체적으로 알려주세요.

편 의사라는 직업에 대해 간단히 소개해 주시고, 정신건강의학과의사에 대해 구체적으로 알려주세요.

전 의사란 일정한 자격을 가지고 병을 고치는 것을 직업으로 하는 사람을 말하죠. 보통 의대 6년 과정을 마치거나 의학전문대학원 4년 과정을 마치고, 의사국가고시에 응시해 합격하면 의사면허증을 발부받게 돼요. 면허를 취득하면 그때부터 일반의로서 진료가 가능하고요. 그렇지만 대부분은 이후 인턴 1년과 레지던트 3~4년 과정을 거친 후 전문의시험을 보고 전문의 자격을 취득하게 되죠. 이때 정신건강의학과를 선택해 수련과정을 거치고 시험에 합격하면 정신건강의학과의사로 일할 수 있어요. 정신건강의학과의사가 되면 정신장애나 스트레스와 연관된 다양한 신체 질환에 대한 예방을 위해 일하게 돼요. 환자와의 정신과적 면담, 정신상태 검사, 심리검사, 뇌기능 검사를 비롯한 여러 진단 검사 자료를 이용하여 스트레스 관련 질환 및 정신장애의 내용과 정도를 진단하는 일도 하고요. 이후 치료 계획을 수립하여 약물을 포함한 각종

생물학적 치료, 정신 치료, 인지-행동치료, 가족 및 부부 치료, 환경 치료 등을 수행하죠. 더불어 다양한 재활 치료를 하거나, 지역사회의 정신보건사업을 담당하기도 해요.

편 예전에는 정신과의사라고 했는데, 명칭이 바뀌었네요.

전 정신과는 정신이 이상한 사람, 미친 사람들이 가는 곳이라는 편견 때문에 정신과에 다닌다고 하면 색안경을 끼고 보는 분들이 많았어요. 문제가 있는데도 거부감 때문에 진료를 꺼리거나 병원에 다니는 것을 숨기는 분들도 많았고요. 이러한 뿌리 깊은 편견 때문에 일반인들에게 좀 더 부드러운 이미지로 다가가고자 이름을 변경했어요. '건강'이라는 긍정적인 단어를 넣어 '정신건강의학과의사'라는 명칭을 사용하고 있죠. 다른 몇몇 과도 비슷한 이유로 이름을 바꿨어요. 예를 들면 '방사선'이라는 이미지가 안 좋다 보니 방사선과가 영상의학과로 명칭을 변경했죠. 비뇨기과 역시 해당과의 진료 영역이 제한되는 것 때문에 비뇨의학과로 명칭을 바꿨고요.

편 의사의 전공도 매우 다양하죠?

전 네. 매우 많은 전공이 있는데, 크게는 기초의학과 임상의학으로 나눌 수 있어요. 기초의학은 주로 의대에 입학한 후 본과에 다니는 2년 동안 배우게 되죠. 구체적으로 얘기하자면, 몸의 구조를 조사하는 해부학과 생물체의 물질 조성이나 생물체 내에서 일어나는 물질의 화학반응을 연구하는 생화학, 생물의 기능이 나타나는 과정이나 원인을 연구하는 생리학, 세균이나 바이러스, 진균, 곰팡이와 같은 미생물을 연구하는 미생물학, 기생충과 기생현상을 연구하는 기생충학, 병의 상태나 병체의 구조 등을 연구하는 병리학, 약물과 약물의 투입에 따른 생체의 반응을 연구하는 약리학, 질병의 예방이나 공중보건에 관심을 두는 예방의학, 법률과 관계되는 의학적 사항을 밝히는 법의학이 있어요.

임상의학은 직접 환자와 접촉하면서 진료에 임하는 의학이에요. 임상의학에 속한 전공으로는 내과와 신경과, 정신건강의학과, 외과, 정형외과, 신경외과, 흉부외과, 성형외과, 마취통증의학과, 산부인과, 소아청소년과, 안과, 이비인후과, 피부과, 비뇨의학과, 영상의학과, 방사선종양학과, 진단검사의학과, 결핵과, 재활의학과, 가정의학과, 응급의학과, 병리과, 핵의학과가 있죠.

편 병원 역시 동네에 있는 의원부터 난이도가 높은 치료를 하는 전문병원까지 매우 다양하잖아요. 의료기관의 종류도 궁금해요.

전 먼저 동네에서 흔히 볼 수 있는 곳으로 의원과 병원이 있는데, 병상의 수에 따라 이 둘을 구분해요. 환자를 입원시킬 수 있는 병상수가 30개 이상이면 병원이라 하고, 그 미만이면 의원이라고 하죠. 종합병원은 100개 이상의 병상과 7개 또는 9개 이상의 전문분과, 각 전문분과에 속하는 전문의를 갖춘 곳을 말해요. 이러한 종합병원 중에서도 중증질환에 대하여 난이도가 높은 의료 행위를 전문적으로 행하는 곳으로 보건복지부 장관이 지정하는 상급종합병원이 있고요.

전문병원도 얘기하셨는데요. 길을 가다 ○○척추전문병원, ○○여성전문병원이라는 간판을 본 적이 있을 거예요. 이는 특정 진료 과목이나 특정 질환 등에 대하여 난이도가 높은 의료 행위를 수행할 수 있는 곳으로 보건복지부 장관의 허가를 받은 곳이죠. 마지막으로 요양병원은 장기적인 보호와 치료를 요하는 만성질환자나 노인들의 요양을 위한 병원이에요. 병원을 설립 주체에 따라 국공립병원과 민간병원으로 나눌 수도 있어요. 말 그대로 제가 근무하는 국립정신건강센터

Job
Propose 32

나 각 시도의료원, 국립중앙의료원, 국립암센터, 국립경찰병원처럼 국가가 설립한 병원은 국공립병원이고, 나머지는 모두 민간병원이죠.

심리학자가 하는 일과 비슷해 보이는데, 둘의 역할이 어떻게 다른 건가요?

편 심리학자가 하는 일과 비슷해 보이는데, 둘의 역할이 어떻게 다른 건가요?

전 심리학에도 여러 영역이 있어요. 사회심리학, 산업심리학, 인지심리학, 교육심리학, 발달심리학, 상담심리학, 임상심리학 등 매우 다양한 분야로 나뉘죠. 그중 임상심리학은 인간에 대한 이해를 통해 그들이 겪고 있는 정신장애나 심리적 문제를 평가하고 치료하는 것을 목적으로 하는 학문인데요. 저희들은 주로 이러한 학문적 배경을 바탕으로 일하는 임상심리학자들과 교류하고 있죠. 함께 일하는 만큼 공통적인 특성도 많지만, 다른 점도 있어요. 가장 큰 차이라면 임상심리학자는 주로 상담이나 교육을 통해 치료를 하지만, 저희는 의학에 뿌리를 두고 있기 때문에 상담이나 정신 치료는 물론 약물 치료도 같이 한다는 것이죠.

편 우리는 어떤 상태일 때 정신건강의학과에 방문하면 될까요? 참거나 버텨야 할 때와 전문가의 도움이 필요한 때를 어떻게 구분해야 할지 모르겠어요.

전 언제 정신건강의학과에 방문해야 하는지에 대한 질문은 상당히 고민되는 질문 중 하나인데요. 정신건강의학과에서는 보통 일상생활 가능 정도를 기준으로 판단하고 있어요. 예를 들어 어떤 사람이 술을 많이 마신다고 해 봐요. 일을 하지 못할 정도로 많이 마시거나 지각을 자주 하기도 하고, 술을 마시고 싸우는 일이 잦다면 상담을 받아야 하는 것이죠. 정신건강의학과에서는 이와 같은 진단 기준을 통해 환자가 가진 문제가 상담이 필요한 정도인지를 판단하고 있으며, 정신행동장해평가(GAF)라는 척도를 사용해 사회 기능 수준을 알아보기도 해요. 자신이 안고 있는 문제가 일상생활에 지장을 주는지 생각해 보고, 그로 인해 사회적 또는 직업적 어려움을 느끼고 있다면 병원에 방문해 보는 것이 좋겠어요.

구체적으로 어떤 일을 하나요?

편 구체적으로 어떤 일을 하나요?

전 일단 일반적인 의사의 경우, 개인병원에서 일하는 의사들은 아침에 출근해 저녁까지 쭉 외래환자를 보고 과 또는 환자에 따라 검사를 하거나 수술을 하기도 해요. 물론 영상의학과의사나 진단검사의학과의사처럼 환자를 직접 보지 않는 경우도 있죠. 종합병원에서 일하는 의사들은 아침에 출근하면 동료들과 콘퍼런스를 한 후 회진을 돌아요. 여러 명의 의사와 간호사들이 병실을 돌며 입원한 환자들을 진찰하는 모습은 메디컬 드라마에서 많이들 봤을 거예요. 이후 일정에 따라 외래 환자를 보거나 검사 또는 수술을 하죠. 그렇지 않으면 연구실에서 논문을 쓰기도 하고요.

정신건강의학과의사도 비슷해요. 개인병원에서 일하는 의사들은 병원의 운영 시간 내내 내원한 환자들을 보죠. 저 같은 경우 오전에 회진을 돌고 이후 외래 환자를 진료하거나 틈틈이 행정 업무를 처리해요. 접수된 민원을 처리하고 병원의 통계를 관리하는 일이에요. 병상의 회전율이나 잔여 병상을 관리하는 직원이 따로 있지만 저도 함께 전체적인 상황을

파악하고 있죠. 때로 정신건강의학과 약은 왜 먹어야 하나와 같은 주제로 외부에서 강연을 하기도 하고, 동료 의사들끼리 최신 저널이나 논문을 함께 읽으며 토론을 하기도 하죠. 이러한 여러 업무 못지않게 많이 하는 일이 있는데, 바로 기록이에요. 환자마다 차트를 써야 하고, 환자가 입원할 경우 입원 기록과 함께 매일매일 변하는 경과 기록도 써야 하죠. 수술을 하게 되면 수술 기록도 써야 하고요.

圁 진료 분야가 세부적으로 나뉘어 있나요?

젆 다른 여러 과와 마찬가지로 진료 분야가 나뉘어 있어요. 일단 크게는 발달 상태에 따라 분류를 하는데요. 소아인지 성 인인지 노인인지에 따라 소아정신건강의학과, 성인정신건강 의학과, 노인정신건강의학과로 나누고 있죠. 하위로 내려가 면 각 질환별로 분류를 해요. 예를 들면 소아의 경우 자폐스 펙트럼장애, 지적장애, 언어장애, ADHD, 틱장애, 학습장애 와 같은 신경 발달장애, 우울, 불안, 트라우마와 같은 정서 문 제 등으로 나누어 진료하죠. 성인과 노인의 경우 조현병, 양 극성장애, 우울장애, 강박장애, 불안장애, 치매 및 노인정신 질환, 지적장애, 중독장애, 수면장애, 통증장애 등 세부 질환 을 구분해 전문적으로 진료하고 있고요.

圁 세부 진료 분야는 어떤 식으로 정해지나요?

젆 필수는 아니지만 레지던트를 마치고 1년이나 2년 정도 펠로우라고 하는 전임의 과정을 거치는 분들이 있어요. 이 펠 로우 과정 중 세부 전공을 선택해 더 깊이 있는 연구를 하는 데요. 소아 분야에 관심이 있다면 소아정신건강의학을, 노인 분야에 관심이 있다면 노인정신건강의학을 선택해 공부하는

것이죠. 펠로우를 거치지 않더라도 오랜 기간 한 분야의 진료를 오래 하다 그 분야에 특화된 경우도 있어요. 예를 들어 노인 병원에서 오랫동안 일하면서 주로 노인들의 진료를 도맡아 했다면 그 분야로 특화되는 것이죠.

🔲 선생님은 주로 어떤 분야의 연구를 하시나요?

🔲 저는 불안장애와 우울장애에 관심이 많아 이 분야와 관련된 논문이나 저널 등을 자주 찾아 읽고 있어요. 제가 일하는 곳이 국공립병원이라 조현병 치료를 많이 하고 있고, 조현병

의 재활 치료도 활성화되어 있다 보니 자연스레 관심이 생겨
이와 관련된 자료도 많이 찾아보는 편이고요.

편 조현병 환자들을 진료하는 것이 무섭진 않으세요? 얼마
전에도 조현병 환자와 관련된 사건이 있었잖아요.

전 많이들 궁금한지 이 일을 하면서 그런 질문을 많이 받았
어요. 초심자 입장에서는 조현병 환자들을 처음 대할 때 무서
운 마음이 들 수도 있죠. 저 사람이 갑자기 나를 해치면 어떻
게 하나라는 생각이 들 수 있거든요. 환자들의 특성상 괴상
한 행동을 하거나 매우 난폭해질 수 있기 때문이에요. 그렇지
만 어느 정도 상담이 계속되면 이상 행동이 예측되기 때문에
위험한 일은 거의 없어요. 저희들은 환자가 폭력적인 행동을
조절할 수 없을 때를 대비해 자신의 안전을 지키기 위한 방법
을 계속해서 교육받고 있는데요. 앞에서도 잠깐 얘기했지만
진료실에는 흉기가 될 수 있는 무거운 물건을 두지 않고, 비
상벨이나 비상 전화를 설치해 두고 있죠. 또한 의사는 비상
시 밖으로 빨리 나갈 수 있도록 문과 가까운 곳에 자리를 잡
아요. 제 진료실 같은 경우 뒤쪽에 도망갈 수 있는 문이 있죠.
환자의 이상 징후를 세심하게 파악하고, 위험이 예상되는 경

우 약물 치료를 한 후 진정을 시킨 다음 상담을 하고요. 상황에 따라 한 명 더 동석해 면담을 진행하기도 해요. 그렇게 되면 단둘이 있을 때보다는 덜 위험하겠죠. 문을 열어놓거나 누군가 지나갈 수 있는 곳에서 진료를 하기도 하는데요. 그럼 아무리 폭력적인 환자들도 자신이 유리한지 불리한지 판단을 하기 때문에 행동을 자제하는 경향이 있어요. 이성을 잃고 타인을 공격하는 경우도 저 같은 남자보다는 여자를 상대로 하는 일이 더 많더라고요. 본능적으로 자신보다 세거나 약한 것을 감지하고 억누르거나 표출하는 것이죠.

그런데 사실 저희뿐만 아니라 병원에서 환자를 치료하는 모든 의사들이 크고 작은 위험에 노출돼 있어요. 주삿바늘 하나도 때론 매우 위험할 수 있거든요. 저 역시 인턴 시절 주삿바늘에 찔린 적이 있었어요. 다행히 감염 환자에게 사용된 주사는 아니었는데, 만약 감염 환자에게 놨던 주사에 찔렸다면 저 역시 질병에 노출될 수 있었겠죠. 이러한 사고는 바늘 뚜껑을 닫을 때 매우 많이 발생해요. 사용한 주삿바늘에 뚜껑을 닫다가 자신의 검지를 찌르는 것이죠. 원래는 바늘 뚜껑을 다시 끼우지 않고 폐기해야 하는데, 그대로 폐기할 경우 그것을 처리하는 사람들이 다칠까 봐 또는 무의식적으로 뚜껑을 닫

다가 사고가 발생하고 있어요. 2차 감염을 예방하기 위해 주삿바늘은 항상 밝은 곳에서 다루고, 가급적이면 주삿바늘 자동 분리기를 이용해 폐기하도록 하고 있어요.

치료나 수술 도중 눈 점막에 환자의 혈액이 튀기도 해요. 환자가 간염 등 전염성 있는 질병에 걸렸을 경우 2차 감염될 수 있으므로 시술 시에는 반드시 고글을 써야 하죠. 언론 등을 통해 코로나19 바이러스를 치료하는 의료진의 모습을 본 적이 있을 거예요. 의료진들은 항상 위험에 노출되어 있기 때문에 이를 예방하기 위해 레벨 D라는 보호복을 입기도 하고, 마스크나 장갑, 고글을 쓰고 진료를 하는 경우가 많아요. 이러한 장비를 잘 입고 벗도록 훈련을 받기도 하고요. 농약을 먹고 자살 기도를 한 환자의 처치를 할 경우에도 꼭 장갑을 껴야 해요. 그렇지 않은 경우 잔여 농약이 묻을 수 있거든요. 방사선 노출의 위험도 있죠. 방사선 피폭을 줄이기 위해 방사선을 다룰 때에는 가운 위에 납 가운을 덧입고, 갑상선을 보호하기 위해 목에는 납 머플러를 하는 등 차폐장치를 하고 있어요. 또한 방사선 관련 업무를 주로 하는 경우 피폭된 방사선량을 측정하기 위해 측정기가 달린 이름표를 차고 다녀요. 측정기의 색깔 변화를 통해 위험 수치를 판단하는 것이죠. 어느 과든 위험 요소는 모두 가지고 있어요. 중요한 것은 위험 요소를 예상하고 적절히 대비 또는 대처하는 것이죠.

병원에서 함께 일하는 사람들의 업무에
대해서도 두루 알아야 하나요?

편 병원에서 함께 일하는 사람들의 업무에 대해서도 두루 알아야 하나요?

전 그렇죠. 정신건강의학과의 경우 협업을 매우 중요시하고 있어요. 다른 과들도 간호사나 검사에 참여하는 임상병리사, 영상의학과 관련된 일을 하는 방사선사, 응급구조사 등과 함께 일하고 있지만, 저희들의 경우 그런 분들은 물론 사회복지사나 임상심리사, 작업치료사와도 긴밀한 협조 관계를 유지하며 일하고 있죠. 놀이를 통해 심리적 장애요인이 있는 아이를 치유하는 놀이치료사, 언어장애를 치료하는 언어치료사, 음악이나 미술, 문학, 무용 등을 이용해 환자들의 상처를 치유하는 예술치료사들과도 함께 일하고 있고요. 다양한 분야의 전문가와 함께 일하는 만큼 그분들 각각의 업무를 개괄적으로 이해함으로써 환자의 치료에 도움이 되도록 하고 있어요.

편 그분들이 늘 병원에 상주해 있는 건가요? 아니면 환자의 상태에 따라 협업을 하는 건가요?

전 사회복지사나 임상심리사, 작업치료사의 경우 병원에 채용되어 상시 근무하는 경우가 많아요. 놀이치료사, 언어치료사, 예술치료사 등은 상시 근무를 하기도 하고, 치료가 있을 때마다 와서 환자들을 보기도 하고요.

편 병원 내에서 이루어지는 협업, 함께 일하는 이야기를 들려주세요.

전 하나의 케이스를 두고 여러 분야의 전문가가 모여 토의를 하는 시간이 있어요. 그럴 때 보통 다른 과의 경우 내과에 입원한 환자가 수술을 한다고 하면, 내과의사와 외과의사, 영상의학과의사, 진단병리과의사가 콘퍼런스를 하며 수술 방법 등을 논의한 후 수술에 들어가죠. 저희는 주로 사회복지사, 임상심리사와 함께 협의를 하는데요. 사회복지사가 조사한 가족관계 등을 보고 사회적으로 어떤 지원이 필요한지 논의하고, 임상심리사가 작성한 심리검사 결과를 살펴본 후 이를 토대로 환자의 치료 계획을 세우기도 해요. 사회복지사나 임상심리사가 모든 환자의 치료에 개입하는 것은 아니에요. 상황에 따라 필요하다고 판단되는 경우 의사가 의뢰를 하면 협업이 진행되는 것이죠.

한의원에서도 우울증이나 공황장애 치료를 하던데요. 그곳과는 어떤 차이가 있을까요?

편 한의원에서도 우울증이나 공황장애 치료를 하던데요. 그곳과는 어떤 차이가 있을까요?

전 글쎄요. 민감한 문제이긴 한데, 제 개인적인 의견으로는 한의학과 서양의학은 일단 보는 관점이 다른 것 같아요. 서양의학에서는 우울이나 불안을 뇌에 어떤 이상이 발생해 기인한 것으로 보고 상담이나 인지행동 치료, 약물 치료 등을 하고 있는데요. 한의학에서는 증상이나 체질, 성향을 분석하고 그에 기반한 치료를 하고 있죠. 침을 놓고, 항우울제나 신경안정제 대신 한약을 처방하고요. 다시 말해 다른 접근법을 가지고 환자를 치료하고 있다고 볼 수 있어요.

편 상담이나 약물로 치료를 한다고 하셨는데요. 그럼 정신건강의학과에서는 별다른 의료도구를 사용하지 않나요?

전 네. 그동안은 의료도구랄 게 거의 없었어요. 최근 들어서야 치료를 돕는 도구 몇 가지가 나왔죠. 예전에 엠씨스퀘어라는 기기가 있었어요. 숙면을 취할 수 있게 도와주고 집중

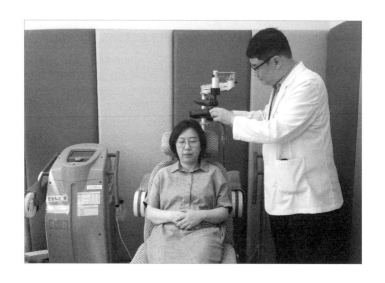

력과 기억력을 향상시켜준다고 해서 학생들 사이에서 인기가 많았는데요. 그것과 유사한 도구가 나와서 사용하는 의사들도 있지만 굉장히 제한적이죠. 자기장으로 뇌 부위를 자극하는 TMS라는 도구를 이용해 치료하는 분도 있어요. 안구운동 민감소실 및 재처리 요법(EMDR)이라는 치료를 위해 안구에 자극을 주는 도구나 광치료기기를 사용하는 분도 있고요. 북유럽은 일조량이 적어 상대적으로 햇빛을 많이 보지 못해 우울증에 걸리는 사람들이 많다는 얘기, 들어보셨죠? 광치료기기는 그런 맥락에서 만들어진 기기예요. LED를 이용해 빛을 쬐게 해 우울한 기분을 나아지게 만드는 것이죠. 이들 도구는 부가적으로 이용하는 것일 뿐 모든 의사가 일반적으로 사용하는 것은 아니에요.

상담 치료에 대해 구체적으로 알려주세요.

편 상담 치료에 대해 구체적으로 알려주세요.

전 많은 분들이 상담을 받으면 자신이 안고 있는 문제가 즉각적으로 해결되거나 불안과 우울감이 해소되어 금방 기분이 나아질 거라 생각해요. 하지만 상담 한두 번으로 완치되는 일은 거의 없죠. 우리 마음은 처음 본 사람에게 쉽게 열리지 않기 때문에 첫 만남에서 모든 이야기를 하지 않는 분도 많고요. 만남과 대화를 반복하다 보면 어느 순간 환자가 자신의 속마음을 하나둘 꺼내게 되죠. 의사는 환자의 상황을 이해하고 공감하며 그들이 긍정적이고 건강한 사고를 할 수 있도록 도와요. 환자는 자신의 이야기를 하며 여러 감정을 느끼게 되는데, 의사는 환자가 느낀 감정들을 말로 표현할 수 있도록 돕게 되고요.

편 상담 시간은 얼마나 걸리나요?

전 상담 시간을 보면, 초진의 경우 보통 30~40분가량 소요돼요. 재진은 초진보다는 짧고요. 의사마다 환자마다 다소의 차이는 있지만요. 안타까운 현실이긴 하지만 개인병원에 비해 환자가 많은 대학병원의 경우 상담 시간이 좀 짧은 편이죠. 초진 때에는 구조화된 질문지 위주로 질문을 하고 답을 들어요. 왜 병원에 왔는지, 처음 증상이 나타난 때는 언제인지 등을 묻고, 발달과 관련된 사항을 확인하죠. 예를 들면 어렸을 때의 가정 상황, 학창시절의 특별한 경험, 고향, 주 양육자, 모유 수유 여부, 언어 발달과 관련된 문제, 첫 기억 등을 통해 대략적인 발달 사항을 파악하는 거예요. 첫 기억을 물었는데, 부모님은 어딘가에 가있고 혼자만 방에 남아있었다고 하면 거기에서도 어떤 상징이나 의미를 찾을 수 있거든요. 질문을 하고 답을 듣는 동시에 환자가 어떻게 앉아있는지, 화장이 진하거나 옅은지, 옷이 화려하거나 수수한지, 계절에 맞는 옷차림인지, 말이 빠르거나 느린지, 눈은 잘 마주치는지, 문신을 했는지, 어떤 표정을 짓는지, 기분이 어떤지, 질문에 잘 반응하는지 등도 관찰하죠. 조울증 같은 경우 말이 빠르고 옷차림이나 문신도 나름의 의미가 있기 때문에 세심하게 봐야 해요.

질문이 끝나면 기억력이나 집중력을 체크해요. 100에서 7 빼기를 계속해 보거나, 사물의 공통점과 차이점을 묻기도 하고, 속담의 뜻이나 우리나라의 수도 또는 현재 대통령과 같은 상식을 확인하기도 해요. 그리고 반드시 자살 기도 여부를 물어요. 매우 중요한 지표거든요. 이처럼 물어볼 문항도 많고, 관찰할 항목도 많아 초진의 경우 할애하는 시간이 꽤 길죠. 초진 시 오간 모든 내용을 취합해 진단을 내리고 치료 계획을 세운 후 재진 때부터는 이를 바탕으로 상담을 해 나가고 있어요.

편 질문에 대한 답을 통해 진단을 내린다면, 의사의 주관적인 생각이나 판단이 큰 영향을 끼칠 것 같은데요.

전 내과의사는 폐렴을 진단할 때 여러 가지 검진 결과를 보고 판단을 하는데, 저희들의 경우 특별한 검사를 하지 않기 때문에 주관적인 견해가 들어가게 돼요. 그렇다고 의사마다 병명이 달라지는 것은 아니고, 우울증 환자가 있다고 하면, 가벼운 우울증인지 중증에 가까운지 정도의 차이가 있을 수는 있겠죠. 우울증도 진단 기준이 있기 때문에 누구든 그 기준에 따라 체크를 하면 거의 비슷한 결과가 나오지만 환자의 상태 또는 상황에 따라 의사의 견해가 진단에 영향을 주는 것이죠. 환자를 세심하게 관찰하고 상태를 정확하게 해석해 판단하는 것이 저희들의 역할이에요.

우울증 건강 설문-9 (PHQ-9)

성별	남 여	연령	세	심사일	. . .

지난 2주간, 얼마나 자주 다음과 같은 문제들로 곤란을 겪으셨습니까?
지난 2주 동안에 아래와 같은 생각을 한 날을 헤아려서 해당하는 답변에 ○로 표시하여 주시기 바랍니다.

	문항	없음	2~6일	7~12일	거의 매일
1	기분이 가라앉거나, 우울하거나, 희망이 없다고 느꼈다.	0	1	2	3
2	평소 하던 일에 대한 흥미가 없어지거나 즐거움을 느끼지 못했다.	0	1	2	3
3	잠들기가 어렵거나 자주 깼다 / 혹은 너무 많이 잤다.	0	1	2	3
4	평소보다 식욕이 줄었다 / 혹은 평소보다 많이 먹었다.	0	1	2	3
5	다른 사람들이 눈치챌 정도로 평소보다 말과 행동이 느려졌다 / 혹은 너무 안절부절못해서 가만히 앉아 있을 수 없었다.	0	1	2	3
6	피곤하고 기운이 없었다.	0	1	2	3
7	내가 잘못했거나, 실패했다는 생각이 들었다 / 혹은 자신과 가족을 실망시켰다고 생각했다.	0	1	2	3
8	신문을 읽거나 TV를 보는 것과 같은 일상적인 일에도 집중할 수가 없었다.	0	1	2	3
9	차라리 죽는 것이 더 낫겠다고 생각했다 / 혹은 자해할 생각을 했다.	0	1	2	3
	각 칸별로 점수를 더해주세요.				
	총 점				

＊ 아래 질문은 진단을 명확히 하기 위해 추가적으로 실시하며 총점에 포함되지는 않습니다.

(진단을 위한 추가 질문) 위 증상에 있다고 표시한 경우 이런 문제로 일하고, 집안일을 하고, 사람과 잘 지내는데 지장이 있었습니까?

	전혀 지장 없다	약간 힘들었다	많이 힘들었다	매우 많이 힘들었다
10				

 **결과 해석**

• 초기 개입을 위한 가이드라인

점수	분류	설명 예시
0–4	우울 아님	유의한 수준의 우울감이 시사되지 않습니다.
5–9	가벼운 우울	다소 경미한 수준의 우울감이 있으나 일상생활에 지장을 줄 정도는 아닙니다. 다만, 이러한 기분 상태가 지속될 경우 개인의 신체적, 심리적 대처자원을 저하시킬 수 있습니다. 그러한 경우, 가까운 지역센터나 전문기관을 방문하시기 바랍니다.
10–19	중간 정도의 우울	중간 정도 수준의 우울감이 시사됩니다. 이러한 수준의 우울감은 흔히 신체적, 심리적 대처자원을 저하시키며 개인의 일상생활을 어렵게 만들기도 합니다. 가까운 지역센터나 전문기관을 방문하여 보다 상세한 평가와 도움을 받아보시기 바랍니다.
20–27	심한 우울	심한 수준의 우울감이 시사됩니다. 전문기관의 치료적 개입과 평가가 요구됩니다.

• 진단 및 증상의 심도, 경과 관찰을 위한 가이드라인

1단계 (진단)	1번과 2번 질문에서 2점이나 3점을 받았습니까?	예 ⇨ 우울증의 기준에 부합됩니다. 2단계로 가십시오.
		아니오 ⇨ 우울증이 아닙니다.

2단계 (심각도)	1번에서 9번까지의 합을 구하십시오.				
	점수	0–4	5–9	10–14	15–19	20–27
	분류	우울 아님	가벼운 증상	경한 증상	중한 증상	심한 증상

일반화된 불안장애 척도-7 (GAD-7)

| 연령 | 세 | 성별 | 남 여 | 심사일 | . . . |

지난 2주 동안 당신은 다음의 문제들로 인해서 얼마나 자주 방해를 받았습니까?		전혀 방해받지 않았다	며칠 동안 방해받았다	2주 중 절반 이상 방해받았다	거의 매일 방해받았다
1	초초하거나 불안하거나 조마조마하게 느낀다.	0	1	2	3
2	걱정하는 것을 멈추거나 조절할 수가 없다.	0	1	2	3
3	여러 가지 것들에 대해 걱정을 너무 많이 한다.	0	1	2	3
4	편하게 있기가 어렵다.	0	1	2	3
5	너무 안절부절못해서 가만히 있기가 힘들다.	0	1	2	3
6	쉽게 짜증이 나거나 쉽게 성을 내게 된다.	0	1	2	3
7	마치 끔찍한 일이 생길 것처럼 두렵게 느껴진다.	0	1	2	3
각 칸별로 점수를 더해주세요.					
총 점					

결과 해석

문항들의 반응을 합한 총점이 6점 이상일 때 불안감이 높음을 의미

1-4	5점 이상
불안 아님	불안 시사됨

약물 치료에 대해 구체적으로 알려주세요.

편 약물 치료에 대해 구체적으로 알려주세요.

전 모든 환자에게 약물 치료를 시도하는 것은 아니에요. 환자에 따라 비 약물 치료를 하기도 하죠. 그런 경우 지속적으로 상담 치료를 하거나 인지행동 치료, 이완요법, 예술 치료 등을 통해 증상이 개선되도록 하고 있어요. 반면 약물의 도움이 필요하다고 판단되면 약물 치료를 하게 되는데요. 스스로 병원을 찾은 분들조차 약물에 거부감을 갖는 분들이 있어요. 마음의 문제는 마음의 차원, 즉 심리상담 치료를 통해 해결할 수 있다고 생각하거든요. 정신건강의학과 약물의 경우 환자의 인지나 사고, 기분에 영향을 주기 때문에 흔히 접하는 약물과는 다른 태도로 접근하는 것이죠. 정신건강의학과의 약물은 부작용이 있거나 의존성이 강하다는 선입견도 있어요. 다른 약에 비해 부작용이 심하고 한번 약을 먹으면 계속해서 의존하게 된다는 것이죠.

하지만 이런 얘기들은 모두 거부감 혹은 두려움이 만든 편견이에요. 정신 혹은 마음의 문제는 의지의 문제이므로 절대 약으로 다스려서는 안 된다는 생각은 매우 위험한 발상이에요. 스스로 진료를 받기로 결심하고 병원을 찾았다면 전문가의 의견을 믿고 처방을 따라주는 것이 치료에 도움이 되겠죠. 부작용이나 의존성 문제도 그래요. 사실 모든 약에는 부작용이 있어요. 감기약 때문에 졸음이 오기도 하고, 진통제를 먹으면 속이 쓰리기도 하잖아요. 이는 모든 약물에서 공통으로 나타나는 사항이지 비단 정신건강의학과 약에만 국한된 것은 아니죠. 수면제나 안정제 같은 경우 의존도가 생길 수 있지만, 의사의 처방에 따라 일정 기간 동안 적당량만 복용한다면 중단하는 것은 충분히 가능하고요. 정맥마취제로 많이 쓰이는 프로포폴 아시죠? 의사의 처방 없이 불법으로 투약하거나 남용하는 사람이 많아 최근 사회적 문제가 되고 있는데요. 오히려 이런 약물이 중독성이 높아 과다 투여하는 사람들이 느는 것이죠. 어떤 질병에 대해 비용 대비 효과가 좋고, 빠른 시간 안에 회복을 돕는 것은 약물 치료예요. 약물의 치료효과라는 긍정적 측면을 생각하고 부작용이나 의존성에 대한 두려움을 떨칠 필요가 있어요.

⎡편⎦ 정신건강의학과 약물을 복용하면 간이나 콩팥에 손상을 준다는 오해도 있죠?

⎡전⎦ 맞아요. 간혹 그런 얘기를 하는 분들이 있는데요. 모든 약물은 간이나 콩팥을 통해 배설되기 때문에 일정 기간은 간과 콩팥에 부담을 줄 수는 있어요. 특별히 정신건강의학과 약물만 그런 것이 아니라 모든 약물이 그렇다는 것이죠.

⎡편⎦ 프로포폴 얘기를 하셨는데요. 뉴스에서는 졸피뎀과 관련된 사건도 종종 보도되잖아요. 졸피뎀은 위험한 약물인가요?

⎡전⎦ 졸피뎀이 환각물질 용도 또는 범죄 도구로 사용된 사실이 언론매체에 자주 보도되면서 일반인들이 이를 위험한 약물이라고 생각하게 된 것 같아요. 그러나 졸피뎀은 FDA의 승인을 받은 약물로 불면증 치료제 중 가장 많이 처방된 안전한 약이에요. 전에 졸피뎀을 하루 9알 이상 복용할 경우 정상에 비해 약 2배 이상 자살 위험도가 증가한다는 연구 결과가 있었는데요. '하루 9알 이상'이라는 문구를 뺀 채 인터넷에 기사가 뜨고 재인용 되는 바람에 매우 위험한 약물이라는 인식이 생기게 되었죠. 정량인 하루 한 알을 복용하면 대부분의 경우 부작용이 거의 나타나지 않는 약물인데 말이에요.

언제부터 이 직업이 생겼는지 궁금해요.

편 언제부터 이 직업이 생겼는지 궁금해요.

전 인류가 태어날 때부터 의사와 같은 역할을 하는 사람은 있었을 거예요. 사람이 다치거나 짐승에게 물리면 누군가는 환부를 싸매주고, 피가 멎게 도와주고, 뼈를 맞춰줬을 테니까요. 그런 일이 반복되다 보니 그 일에 능숙해진 사람이 생겼을 것이고, 그들이 의사의 역할을 했을 것이라 추측할 수 있죠. 원시시대엔 질병을 신이 내린 벌의 결과라고 믿었기 때문에 병든 사람들이 신전에 가서 기도를 하거나 제사를 지냈는데요. 그런 이유로 무당이나 주술사들이 의사의 역할을 하게 되었고요.

편 의료 분야의 역사와 발전도 궁금해요.

전 기원전 7세기경, 그리스인들은 질병을 초자연적인 현상으로 생각하지 않고 자연적, 과학적, 논리적으로 파악하려고 애썼어요. 질병이 생기는 이유를 이성적으로 설명하기 위한 이론도 정립했는데, 그게 바로 사체액설이죠. 사람의 몸은 냉, 건, 습, 열의 네 가지 체액으로 이루어져 있으며, 이들이

균형 잡힌 상태일 때 건강하다는 학설이에요. 동양에서도 사상체질이라고, 장부의 대소를 기준으로 사람을 네 가지 부류로 나눠 그 체질에 따라 진료했어요. 남미 페루 부근을 비롯한 세계 각지에서 천공 수술 흔적이 있는 두개골이 발견된 적이 있었죠. 아주 오래전부터 뇌 조직을 긁어내고 두개골에 구멍을 내는 뇌수술이 시행됐다는 것인데요. 두개골의 뼈는 뚫고 들어갔지만 뇌에는 영향을 주지 않는 매우 놀라운 기술이라고 해요.

그렇지만 매우 황당한 치료들도 많았어요. 정신건강의학과만 해도 예전에는 정신병에 걸리면 눕혀놓고 차가운 천을 씌우기도 했고, 일부러 잠을 재우지 않기도 했죠. 뜨거운 물과 차가운 물에 번갈아 담그기도 했고, 맹장에 있는 세균이 원인이라고 생각해 맹장을 자르는 일도 있었고요. 썩은 치아가 병을 일으킨다는 생각에 치아를 제거하기도 했죠. 지금 생각하면 놀랄 일이지만 중세에는 이발사가 외과의사의 역할을 하기도 했어요. 그것이 가능했던 이유는 당시의 외과 시술이란 지혈, 상처의 치료, 고름의 배농, 종기나 화살, 탄알의 제거 등이 전부였기 때문이에요. 빨간색과 파란색, 흰색으로 이루어진 이발소의 삼색등은 동맥과 정맥, 붕대에서 유래해 지금까지 사용되고 있죠.

편 최초의 정신건강의학과의사가 누구인지 아세요?

전 제가 최근에 재미있는 얘기를 하나 들었는데요. 처음으로 피라미드를 세운 이집트의 재상 임호테프Imhotep가 우울한 사람이 있으면 신전에 데리고 가 하룻밤을 같이 보내며 이런저런 이야기를 나누었다고 해요. 그 대화를 일종의 상담이라고 본다면, 그를 최초의 정신건강의학과의사로 볼 수도 있겠죠.

편 역사에서 중요한 인물로 소개되거나 유명한 정신건강의학과의사가 있다면 소개해 주세요.

전 가장 유명한 사람을 꼽으라면 역시 지그문트 프로이트Sigmund Freud와 칼 구스타브 융Carl Gustav Jung이죠. 지그문트 프로이트는 오스트리아의 의사이자 정신분석의 창시자예요. 히스테리 환자를 관찰하고 최면술을 행하면서, 인간의 마음에는 본인이 의식하지 못하는 과정, 즉 '무의식'이 존재한다고 믿게 되었죠. 꿈과 착각, 말실수와 같은 정상 심리까지 연구를 확대하여 심층심리학을 확립하였고요.

칼 구스타브 융은 스위스의 정신과 의사인데요. 집단무

의식이라는 개념으로 심리학의 새로운 장을 연 인물이죠. 환자가 지닌 고통의 근본 원인이 되는 다양한 생각의 집합에 '콤플렉스'란 이름을 붙인 사람이 바로 융이에요. '내향성과 외향성'의 두 가지 유형과 '사고와 감정, 감각, 직관'의 네 가지 기능을 범주로 성격 구분법을 제안하기도 했고요. 프로이트가 무의식이라는 세계로 들어가는 문을 열었다면, 융은 무의식을 바라보는 시각을 다양화했다고 볼 수 있어요.

외국의 정신건강의학과의사와 다른 점이 있을까요?

편 외국의 정신건강의학과의사와 다른 점이 있을까요?

전 다른 점이라면 우선 상담 시간의 차이겠죠. 서양권은 상담에 할애하는 시간이 긴 편인데, 동양권은 상대적으로 짧은 편이에요. 친구 중에 대만과 일본의 정신건강의학과의사들이 있는데요. 그 친구들 얘기를 들어보면 저희와 상황이 비슷하더라고요. 그리고 서양의 경우 정신건강의학과의사와 임상심리사의 역할이 확실히 나뉘어 있는 경우도 있어요. 의사는 약물 치료를, 임상심리사는 상담 치료를 담당하는 것이죠. 최근에 저희 병원에 스페인 의사가 온 적이 있었는데요. 거기서도 의사는 거의 약물 치료를 담당하고, 상담 치료는 일부만 개입한다고 해요. 대부분의 상담 치료는 임상심리사가 하고요.

편 외국 영화를 보면 정신건강의학과의사나 심리치료사가 자주 등장하던데요. 실제로 외국에서는 상담이 흔한 일인가요?

전 유럽에서 처음 정신분석이 나왔을 당시 이를 받으려면 돈과 시간이 매우 많이 들었어요. 그러니 상류층만이 정신분석

을 받을 수 있었죠. 미국으로 건너가서도 마찬가지였어요. 돈
과 시간이 많은 부자들만이 정신분석을 받을 수 있다 보니 우
리나라의 경우처럼 정신건강의학과에 거부감을 갖는 것이 아
니라 오히려 선망의 대상이 되었죠. 그 문화가 지속되어 상담
이란 것이 받으면 좋은 것으로 자연스럽게 인식되었어요. 그
런 배경을 통해 외국에서는 정신건강의학과에 방문하거나 상

담을 받는 일이 일상적인 일이 되었죠. 영화나 드라마는 그와 같은 현실을 반영하는 것이고요. 최근에 〈지정생존자〉라는 미드를 봤는데요. 주인공인 대통령이 부인의 갑작스러운 죽음으로 인해 깊은 상처를 받고 상담을 받는 장면이 나오더라고요. 대통령 역시 일반 국민들과 마찬가지로 상담 치료를 통해 심리적 상처를 치유하기 위해 애쓰는 것이 자연스럽게 그려졌죠.

편 국내보다는 해외에서 더 좋은 대우를 받나요?

전 상담의 보수가 해외에서 더 높은 걸로 봐서는 아마도 국내보다는 해외의 정신건강의학과의사가 더 좋은 대우를 받는 것 같아요. 그런데 전체 의사들을 놓고 보자면, 우리나라에선 정신건강의학과의사들이 꽤 괜찮은 대우를 받는 편이에요. 우리나라의 경우 저희나 내과의사나 거의 비슷한 연봉을 받는데, 미국이나 캐나다 등에서는 외과의사나 내과의사의 보수가 훨씬 높거든요.

편 다른 나라의 의료제도도 궁금해요.

전 미국에서는 민간의료보험이 주도적인 역할을 담당하고 있어요. 의료의 수준은 높지만 비싼 단점 때문에 취약계층을 위해 2014년, 오바마 대통령의 의료보험 시스템 개혁 법안인 오바마케어를 시행하기 시작했죠. 이는 전 국민의 건강보험 가입을 의무화하는 내용을 골자로 하고 있어요. 이후 트럼프가 대통령에 당선되면서 오바마케어 폐지를 추진했으나 실패했죠. 영국에서는 국가가 일반재정에서 경비를 충당해 모든 국민에게 포괄적인 의료 서비스를 무료로 제공하고 있어요. 그러다 보니 아무래도 의료 서비스를 받는데 시간이 오래 걸리고, 질이 좀 낮죠.

편 우리나라의 의료제도는 어떤 형태인가요?

전 우리나라의 경우 위 둘을 절충한 형태로 각각의 장점이 잘 융화되어 있어요. 물론 몇 가지 보완할 단점도 있지만요. 하나만 예를 들자면 시장을 통제하지 않기 때문에 내가 원하면 언제든 3차 의료기관에 갈 수 있다는 점이에요. 영국에서는 병원 간의 의료전달체계가 확실하게 잡혀있기 때문에 저희처럼 대학병원이나 종합병원에 쉽게 갈 수 없죠. 반면 우리나라는 동네에 있는 병원이나 의원 등 1차 의료기관에서 환자가 진료의뢰서를 요청하면 환자의 요구대로 쉽게 써주잖아요. 그러니 1차 의료기관에서 충분히 치료 가능한 가벼운 질환임에도 불구하고 상급종합병원을 이용하는 경우가 많죠. 이로 인해 중증 환자가 제때에 충분한 진료를 받지 못하는 상황이 벌어지기도 해요. 이러한 여건을 개선하고자 정부에서는 종합병원이 중증환자 위주로 진료할 경우 보상하고, 가벼운 질환의 환자가 종합병원에서 진료를 받을 경우 본인부담금을 높게 책정하며, 의사 직접 의뢰 원칙을 만들어 기존의 종이의뢰서를 단계적으로 폐지하는 등 건강한 의료문화를 만들기 위해 애쓰고 있어요.

남녀 비율은 어떻게 되나요?

편 남녀 비율은 어떻게 되나요?

전 제가 의대에 다닐 때만 해도 남학생의 비율이 높았는데, 최근 들어 여학생의 비율이 점점 높아지는 추세예요. 그중 정신건강의학과는 여성이 선호하는 과 중 하나라 여성의 비율이 더 높은 편이죠.

수요는 많은가요?

편 수요는 많은가요?

전 18세기 산업혁명 이후 '노이로제'라는 단어가 나왔다고 하죠. 산업혁명으로 인해 사회와 경제 구조가 크게 변하고, 자본주의의 영향으로 시간은 더욱 세분화되기 시작했어요. 사람들은 분 단위로 일을 계획하면서 압박과 노이로제에 시달리기 시작했죠. 현대에 이르러 스트레스는 더욱 심해졌어요. 산업의 발달로 선택의 폭이 엄청나게 늘어난 한편 그 선택을 온전히 본인 스스로 해야 하는 데서 오는 부담감과 더욱 치열해진 현실에서 살아남아야 한다는 강박이 스트레스를 야기하게 되었죠. 현대를 살아가는 대부분의 사람은 스트레스를 받으며, 일부는 우울증이나 공황장애로 이어져요. 게임 또는 인터넷에 지나치게 몰입하여 정상적인 일상생활을 유지하기 힘든 사람도 많아졌죠. 1인 또는 2인 가구가 증가하면서 소외감 혹은 우울감 때문에 어려움을 겪는 사람들도 늘고 있고요. 이처럼 우리의 삶이 복잡해지면서 정신질환이 늘어감에 따라 정신건강의학과의사의 수요는 계속해서 늘 것으로 보여요. 또한 인식의 개선으로 인해 정신건강의학과의 문턱

이 낮아지면서 초기에 적극적으로 병원을 찾는 사람이 많아지는 추세라, 이 역시 수요를 높이는 요인이라고 생각해요.

〈빌리언스〉란 미드가 있는데, 거기서도 주인공이 정신과 상담을 받아요. 그런데 제 친구가 자신도 그 드라마에 나오는 의사와 같은 일을 한다고 하더라고요. 친구가 삼성 기업정신건강연구소의 정신건강의학과의사거든요. 일종의 직장인 정신건강 주치의인 셈이죠. 우리나라도 삼성과 같은 대규모 사업장에서는 직원들의 정신건강을 위해 정신건강의학과의사를 채용하고 있어요. 예전에는 스트레스로 힘들어하는 직원이 있으면 외부에서 상담을 받도록 하거나 심리상담사를 고용해 상담을 받게 했는데, 최근 들어 정신건강의학과의사를 채용하는 곳이 늘기 시작했죠. 직원의 정신건강은 기업의 실적 및 생산성과 직결되기 때문이에요. 세계보건기구에서는 앞으로 직장인의 생산성에 영향을 미치는 질병 1위는 우울증을 비롯한 스트레스성 정신질환일 거라는 예측을 내놓았어요. 그런 만큼 정신건강의학과의사를 채용하는 기업은 더욱 늘 것으로 보여요.

편 현역에 있는 정신건강의학과의사는 몇 명인가요?

전 아마 4,000명 정도 될 거예요. 면허 번호를 1번부터 매기는데요. 제가 2,000번 대니 대략 계산을 해 보면 지금쯤 4,000번까지는 갔을 것 같네요.

미래에도 필요한 직업인가요?

📝 미래에도 필요한 직업인가요?

📝 〈그녀〉라는 영화 본 적 있으세요? 대필 작가인 주인공이 인공지능 운영체제인 사만다와 사랑에 빠진다는 내용의 영화인데요. 사만다는 늘 주인공의 말에 귀를 기울이며 그를 이해해 주죠. 사만다 덕분에 주인공은 조금씩 상처를 회복하며 행복한 감정을 느끼게 되고요. 기술이 발달해 인공지능이 사만다처럼 누군가의 이야기를 들어주고 상황에 맞는 적절한 질문과 조언을 해줄 수 있다면, 로봇이 인간을 상담하는 것이 가능해질지도 모르겠어요. 어떤 미래학자는 이런 질문을 하기도 했어요. 인성이 훌륭하고 친절한 성공률 90퍼센트의 사람 의사와 감정이 없고 불친절한 성공률 95퍼센트의 로봇 의사 중 누구에게 진료를 받고 싶은지요. 당연히 로봇 의사에게 진료를 받지 않겠냐는 것이죠.

인간이라는 존재는 정신건강의학과의사든 심리상담사든 자극을 받으면 감정을 드러내기도 해요. 아무리 수련을 해도 본인의 의도와는 상관없이 환자에게 감정적이 될 수도 있는데요. 미국에서는 고객의 목소리 패턴을 연구해 목소리의 톤에 대응하는 소프트웨어를 개발하고 있어요. 성공적인 결과가 나올 경우 환자가 어떤 말을 하면 로봇은 그에 적절한 반응을 보이고 어떤 상황에서도 침착함을 유지할 수 있겠죠. 그런 면에서는 로봇이 더 나을지도 몰라요. 하지만 이 모든 가정은 인공지능 기술이 그 정도 수준에 이르렀을 때의 얘기예요. 그건 아주 먼 미래의 일 같은데요? 그때까지 정신건강의학과의사는 꼭 필요한 직업이라고 생각해요.

편 그렇긴 하지만 실제로 국내에서는 인공지능 시스템인 왓슨이 도입되어 진료를 시작했어요.

전 지금 왓슨이 진료하는 분야를 보면, 고혈압이나 당뇨, 암처럼 수치가 될 수 있는 데이터가 분명한 질병들이에요. 의료영상을 판독하고 분석하는 것에서도 높은 정확성을 보이고요. 하지만 정신건강의학과의 경우 환자의 상태를 정량적으로 파악하거나 진단과 치료를 표준화하는 것이 어렵기 때문에 의사의 주관적인 판단이 개입되어야 해요. 환자 개개인의 상황을 세심하게 고려해 판정해야 하죠. 또한 의사와 환자 사이에 인간적 상호작용이나 신뢰관계의 비중이 커 왓슨이 그러한 역할까지 수행한다는 것은 현재로선 쉽지 않아 보이네요.

편 환자는 수치심이나 체면 때문에 인간 의사보다 인공지능 의사에게 자신의 상태를 더 솔직하게 드러낸다는 연구 결과도 있는데요. 거기에 대해선 어떻게 생각하세요?

전 환자와 의사와의 관계는 생각보다 더 복잡해요. 물론 수치심이나 체면 때문에 의사에게 솔직히 말하는 것을 어려워하는 경우도 있지만, 의사와 환자 사이에 관계가 형성되면 오히려 가족이나 친한 친구에게도 하지 못했던 말까지 하게 되죠. 이러한 의사와 치료자의 관계를 의학적인 용어로는 라뽀 Rapport라고 해요. 인공지능 의사가 중립적이고 사람이 아니라는 생각 때문에 처음에는 조금 더 솔직해질 수 있겠지만, 사람과 사람 사이의 관계에서 라뽀가 형성되고 나면 그보다 더 진솔한 이야기가 나올 수 있다고 생각해요. 인공지능이 그러한 역할까지 하기에는 시간이 많이 필요할 것 같고요.

정신건강의학과
의사가
되는 방법

정신건강의학과의사가 되려면
어떤 과정이 필요한가요?

편 정신건강의학과의사가 되려면 어떤 과정이 필요한가요?

전 일단 의과대학이나 의학전문대학원에 들어가야 하겠죠. 고등학교 졸업 후 바로 의과대학에 들어가거나, 일반 4년제 대학을 졸업한 뒤 다시 의학전문대학원에 들어갈 수 있어요. 의과대학은 예과 2년과 본과 4년, 총 6년으로 구성되어 있으며, 모든 과정을 마치면 의사국가고시에 응시할 수 있어요. 고시에 합격하면 의사 면허가 나오고, 일반의사로 일하며 환자를 볼 수 있죠. 하지만 대부분은 이후 인턴 1년, 레지던트 3~4년의 수련의 과정을 거치는데요. 이때 여러 전공 중 정신건강의학과를 선택해 공부하고, 전문의 자격시험에 응시해 합격하면 정신건강의학과의사가 되는 것이죠. 세부 진료 분야를 선택해 좀 더 공부하고 싶다면 전임의, 즉 펠로우가 되어 1~2년간 더 수련을 하기도 해요. 이후 종합병원 등에 취직해 봉직의가 되거나, 개인병원을 개원하거나, 대학에 남아서 교수가 되거나, 병원 이외의 곳에서 일하게 되죠. 정신건강의학과의 경우 아무래도 종합병원의 수요가 많지 않기 때문에 전문병원에서 일하거나 개원하는 경우가 많아요. 정신건강복지센터나 성폭력 상담 센터인 해바라기센터, 범죄 피해자 심리지원센터인 스마일센터 등에서 일하기도 하고요.

편 의사국가고시는 어떤 시험인가요?

전 필기시험과 실기시험에 모두 합격해야 의사국가고시에 최종 합격할 수 있어요. 필기시험은 보건의약관계법규 20문제, 의학총론 60문제, 의학각론 280문제, 총 360문제로 구성되어 있는데요. 평균 60점이 넘어야 합격이며, 한 과목이라도 60점이 되지 않으면 과락이에요. 2009년부터 임상실기평가라는 것이 도입되어 실기시험도 봐야 하죠. 환자의 병력 청취, 신체 진찰, 환자와의 의사소통, 진료 태도와 같은 진료문항과 수기문항을 평가하는 거예요. 수기문항이란, 채혈이나 봉합술, 국소마취, 도뇨관 삽입, 기관 삽관 등 여러 가지 의료 기술을 평가하는 영역이에요.

편 전문의 자격시험도 궁금해요.

전 수련의 과정에서 배웠던 것을 평가하는 시험인데, 특정한 시험 범위의 개념이 없어서 공부해야 할 분량이 매우 방대하죠. 그런 만큼 너무 세세한 부분까지 얽매일 필요는 없다고 생각해요. 최근 5년간의 합격률을 보면 92~95퍼센트 정도로 매우 높은 편인데요. 이는 시험이 쉬워서가 아니라 다들 열심히 공부한 결과이죠. 정신건강의학과의 경우 특이하게 면접시험이 있어요. 자신이 담당했던 환자와의 상담 중 하나를 워드로 작성해서 전체 상담을 녹음한 파일과 함께 제출하죠. 면접관은 그 내용을 바탕으로 그때 왜 이런 말을 했는지, 이 환자의 주된 심리는 무엇인지 등을 질문하고 평가해요.

圐 나이 제한이 있나요?

전 나이 제한은 따로 없어요. 그렇지만 의사국가고시 응시 제한사항은 있죠. 정신질환자, 마약이나 대마, 향정신성의약품 중독자, 금치산자, 한정치산자, 의료법 등을 위반하고 금고 이상의 형을 선고받은 자는 응시 결격 사유가 되어 시험을 치를 수 없어요.

圐 남자의 경우 전문의 자격을 취득한 후에 군대에 가게 되나요?

전 대부분은 의대를 졸업한 후 또는 전문의 자격을 취득한 후 군대에 가요. 드물게 학부 때 가는 사람이 있는데, 그럼 일반 사병으로 복무하게 돼요. 전자의 경우 장교로 임관되어 군대 내에서 보건이나 방역, 진료 업무를 담당하는 군의관으로 복무하거나 농어촌 등 보건의료 취약지구에서 환자를 진료하는 공중보건의사로 복무하죠. 정신건강의학을 전공하는 경우 교도소나 복지시설에서 복무하기도 해요. 저 같은 경우 하나원에서 민간인 환자를 진료했어요. 하나원은 탈북민들의 사회 정착 지원을 위해 통일부에서 설치한 기관이에요.

편 하나원에서 복무하셨군요. 특별히 기억에 남는 일이 있다면요?

전 저는 하나원에서 공중보건의로 복무하면서 처음 탈북민을 만났어요. 그분들이 표준어나 외래어를 알아듣지 못해 난감했던 일이 종종 있었죠. 검사를 위해 금식을 하라는 주의사항을 전달했는데, 다음 진료 때 뭔가를 먹고 온 거예요. 금식이란 단어를 알아듣지 못한 것이죠. 저 역시 초반에는 그분들이 사용하는 사투리를 알아듣지 못했고요. 시간이 지나면서 서로의 말을 이해하게 되었고, 그분들의 아픔이나 탈북 과정에서의 스트레스, 북한에 남겨진 가족에 대한 그리움도 느낄 수 있었어요.

Job

꼭 의과대학을 졸업해야 하나요?

편 꼭 의과대학을 졸업해야 하나요?

전 네. 앞서 잠깐 얘기했듯이 고등학교 졸업 후 바로 의과대학에 들어가거나, 일반 4년제 대학을 졸업한 뒤 다시 의학전문대학원에 들어가 모든 과정을 이수하고 학사 또는 석사 학위를 받아야 해요.

편 어떤 과목을 배우는지 궁금해요.

전 보통 예과에서는 화학과 생물학, 물리학, 수학과 같은 자연과학을 공부해요. 본과에서는 기초의학과 임상의학을 공부한 후 임상실습을 하고요.

편 경쟁력을 갖추기 위해 대학에서는 어떤 활동을 하는 게 좋을까요?

전 서브 인턴제도라는 게 있어요. 전국에 있는 의대생 또는 의학전문대학원생을 대상으로 한 병원 실습인데요. 방학 기간 여행이나 휴식의 시간을 갖는 것도 좋지만, 이 제도를 이용해 다른 병원이나 평소 관심 있었던 과의 실습을 경험해 보는 것도 도움이 될 거라 생각해요. 일부 대학의 경우 졸업 요건으로 서브 인턴 수료를 포함시키기도 하죠. 저 같은 경우 대학 시절 서울역 노숙인 진료소에서 봉사활동을 했는데, 그때의 경험이 큰 안목을 가지는 데 도움을 주었어요. 당시 여러 대학의 학생들이 와서 봉사를 했기 때문에 교우관계를 넓힐 수 있는 기회도 되었고요. 그때 만났던 친구들과 지금도 연락을 하며 지내고 있죠. 학교마다 다르겠지만 학생에게 실험실을 내주고 실험할 기회를 제공하는 곳도 있어요. 저희 학교가 그런 경우라 생화학 교실에서 한 달간 실험을 하기도 했고, 예방의학 교실에서 하는 보건학 관련 연구를 돕기도 했죠. 이를 바탕으로 대학생 연구대회에서 발표를 하기도 했고요.

학창시절에 어떤 준비를 하면 좋을까요?

[편] 학창시절에 어떤 준비를 하면 좋을까요?

[전] 기본적으로 공부를 열심히 하는 게 가장 중요하죠. 우리나라의 경우 의과대학에 입학하려면 성적이 아주 좋아야 하니까요. 최근 기사를 보니 의대에 입학하려면 모의고사 평균 등급이 1등급은 되어야 하며, 내신은 1점대 초반이 되어야 한다고 해요. 수도권만 그런 것이 아니라 전국 모든 의과대학의 경쟁이 치열하기 때문에 일단은 성적을 올려야 해요.

상황면접 등을 통해 인성과 의사의 자질을 평가하는 곳이 늘어나는 추세라 이에 대한 준비도 꼼꼼히 해야 하고요. 더불어 일찍부터 생명을 존중하는 마음을 기르고 의사소통 기술을 익히는 것도 중요하다고 생각해요. 의사가 됐다고 해서 혼자 환자를 치료할 수는 없어요. 병원을 운영할 때도 수술을 할 때도 늘 누군가의 도움을 받아야 하죠. 환자와의 소통을 위해서도 필요하고요.

편 준비하는 과정에서 가졌던 마음가짐 혹은 특별했던 자신만의 공부 방법이 있다면 소개해 주세요.

전 억지로 하는 일이 쉬울 리 없죠. 가능하면 공부에 흥미를 가지면 좋은데, 그것도 쉽지는 않고요. 저 같은 경우도 모든 과목이 재밌지는 않았어요. 좋아하는 과목들만 공부도 잘 되고 성적도 잘 나왔죠. 그래서 기본에 충실하고자 예습과 복습을 철저히 하고, 수업을 착실히 들었어요. 보통 미리 예습을 하며 배울 내용을 살펴보거나 복습을 하며 배운 것들을 다시 한번 들여다보잖아요. 그러다 보면 미리 공부할 때는 이해가 가지 않던 것들이 선생님이 알려주시자 이해가 되는 순간이 와요. 반대로 수업 시간에는 잘 몰랐는데, 집에 돌아와 다시 살펴보다 이해가 되기도 하고요. 그런 순간들이 공부를 더욱 재미있게 만드는 요소가 되더라고요. 무조건 오래 붙잡고 있다고 성적이 잘 나오는 게 아니기 때문에 효율적으로 공부하려고 노력했고요. 제 취약점을 파악하는 것도 중요했어요. 내가 잘 못하는 것들, 계속 틀리는 것들을 체크하고 보완해 나가야 하니까요. 어렵거나 잘 못하는 부분은 시간을 더 투자했고, 시험에서 계속 틀리는 문제들은 오답노트를 활용해 공부했죠.

필요한 자격이 있나요?

편 필요한 자격이 있나요?

전 의과대학 혹은 의학전문대학원을 졸업하고 의사국가고시에 합격하여 보건복지부 장관의 면허를 받아야 법적 자격을 획득하고 환자를 진료할 수 있어요. 외국의 의과대학을 졸업한 경우, 보건복지부 장관이 인정하는 대학일 경우에만 한국의 의사국가고시에 응시할 수 있고요.

외국어를 잘해야 하나요?

편 외국어를 잘해야 하나요?

전 의과대학의 교재나 논문 등이 거의 영어로 되어 있기 때문에 기본적으로 영어는 잘하는 것이 좋아요. 그렇지만 아주 높은 수준의 실력을 요하는 것은 아니고, 책을 읽고 이해하는 수준이면 충분하다고 생각해요. 요즘에는 외국인 환자들이 많으니 영어뿐 아니라 다른 언어도 할 수 있으면 도움이 될 거예요. 그분들의 언어를 알고 있으면 통역사 없이도 환자의 증상을 이해하고 치료할 수 있으니까요. 학회 등에 참석해도 여러 나라에서 온 외국인들과 대화를 나눌 일이 많으니 도움이 되겠고요.

어떤 자질을 갖추어야 하나요?

편 어떤 자질을 갖추어야 하나요?

전 가장 필요한 자질은 소통과 공감능력이에요. 환자와 의사 간에 소통이 부드럽게 잘 이루어져야 더욱 원활한 치료 효과를 기대할 수 있기 때문이죠. 특히 의사는 '듣는 귀'를 가지는 게 중요해요. 상담에서는 그들의 이야기를 듣는 것에 집중해야 하니까요. 환자들의 얘기를 들으며 그들의 마음을 이해하고 상처를 가감 없이 수용하며, 따뜻하고 적절한 위로의 말을 건넬 수 있어야 하고요.

두 번째는 체계적이고 효율적으로 공부하는 능력이에요. 앞서 의대에 들어가기 위해서는 공부를 잘하는 것이 중요하다고 얘기했죠. 이후 의사국가고시에 합격하려면 매우 방대한 양의 지식을 습득해야 해요. 의사가 되고 난 후에도 뒤처지지 않으려면 계속해서 업데이트되는 최신 지견을 찾아보며 연구를 지속해 나가야 하고요. 평생을 공부하겠다는 자세로 살아야 하는데요. 그 분량이 상당하다 보니 정보를 잘 조직해 체계적으로, 중요한 내용을 선별해 효율적으로 공부하는 것이 필요하죠.

마지막으로 하나 더 얘기하자면, 학점이 높아 1등이 되었다고 모두 의사 생활을 잘 하는 것은 아니라는 사실이에요. 공부는 잘하는데 막상 의사가 돼서는 배운 것을 제대로 적용하지 못하는 사람들이 있어요. 교과서에 나오는 것을 환자의 연령이나 성별, 상태, 상황에 맞게 적용해야 하는데, 무조건 배우고 외운 대로 말하는 것이죠. 의학은 실용 학문이에요. 배운 것을 잘 적용해 환자들이 쉽고 편안하게 진료를 받을 수 있도록 하는 것도 필요한 능력이라고 생각해요.

음, 그리고 학생들이 종종 물어보는 것이 있는데요. 시체를 해부하거나 피를 보는 것이 두려운 데 의사가 될 수 있냐는 질문이에요. 저는 개구리나 벌레는 만지지 못해요. 예전에 초등학교에서 과학 실험을 할 때도 친구가 만지는 것을 보기만 했죠. 그런데 의대에서 실습을 하다 보니 적응이 되더라고요. 실제 해부학 수업에서는 시체의 피를 모두 빼낸 상태에서 해부를 하기 때문에 무섭다는 느낌은 별로 없었어요. 오히려 기증을 한 분들에게 경건한 마음이 들었죠. 수술방은 몹시 긴장감이 돌고 역동적이기 때문에 피에 대한 두려움도 사그라지는 편이고요. 그래도 도저히 힘들겠다고 생각되면, 저처럼 정신건강의학과 전문의가 되거나 진단검사의학과, 영상의학

과 전문의가 되는 방법도 있어요.

어떤 성격을 가진 사람들이 적합한가요?

편 어떤 성격을 가진 사람들이 적합한가요?

전 가장 필요한 것은 두 가지인데요. 바로 꼼꼼함과 빠른 판단력이에요. 평소에는 세심하고 꼼꼼하게 환자를 보고, 상황에 따라 정확하고 빠른 판단력을 발휘하는 사람이 의사에 적합해 보여요. 일을 설렁설렁 처리하거나 반드시 필요한 처치를 빼먹는다면 환자에게 위해를 끼칠 수 있잖아요. 주사 하나를 놓더라도 용량이 조금이라도 맞지 않으면 환자에게 영향을 주니 늘 치밀하게 준비하고 꼼꼼하게 진료하는 것은 필수죠.

그러면서도 환자의 상태나 상황에 따라 필요한 처치를 바로바로 해줄 수 있도록 빠르게 판단하는 일도 중요해요. 자살을 시도하려고 많은 약을 한꺼번에 먹은 환자가 왔다고 하면, 응급처치를 한 후 내과로 보낼 것인지 정신건강의학과에서 볼 것인지를 판단해야겠죠. 여러 가지의 증상이 한꺼번에 나타나는 환자도 있어요. 출혈도 있고 골절도 있고 의식도 혼미하다면 우선순위를 정해 가장 시급한 부분이 어디인지 판단하는 일도 해야겠죠. 그런 선택의 순간이 계속해서 오기 때문에 정확하고 빠른 판단력도 필수예요.

유학이 필요한가요?

편 유학이 필요한가요?

전 우리나라에서 의사로 일하는데 유학이 꼭 필요하지는 않아요. 외국에서 발표되는 논문이나 최신 지견은 인터넷을 통해 다 볼 수 있으니까요. 또한 우리나라의 대형병원은 이미 해외 유수의 병원과 의료 수준이 비슷하거든요. 전에는 대학병원 등에서 해외연수를 보내주기도 했는데, 이젠 그런 제도가 사라지는 추세죠. 해외 연수를 다녀왔다고 해서 국내에서 보다 특별히 더 많은 것을 배우는 것이 아니기 때문이에요. 그렇지만 보다 넓은 시야를 갖거나 인적 네트워크를 구축하기 위해, 우리가 갖추지 못한 일부 첨단 의료기술을 습득하기 위해 유학을 가기도 해요.

정신건강의학과
의사가
되면

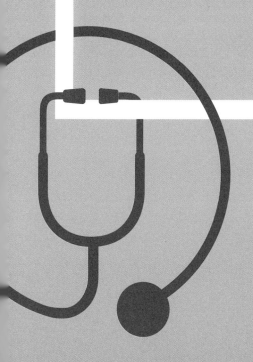

연봉은 어느 정도인가요?

편 연봉은 어느 정도인가요?

전 연봉은 천차만별이에요. 전공이나 직급, 병원의 규모나 경영상태, 위치 등에 따라 모두 다르거든요. 보통 종합병원보다는 개인병원의 연봉이 높은 편이죠. 한국고용정보원이 최근 발간한 '2018 한국 직업정보' 보고서에 따르면 정신건강의학과의사의 평균 연봉은 1억 277만 원, 초임 연봉은 5,863만 원이라고 해요. 종합병원의 경우 과마다 차이가 있겠지만 평균 1억 원 내외일 것 같고, 대학병원의 경우 직급과 성과에 따라 차등 지급되는데 역시 과마다 차이가 있겠지만 평균 8,000천~1억 원 정도 되지 않을까 싶어요. 저는 국공립병원에서 근무하기 때문에 공무원 연봉체계를 따르고 있고요. 개원의의 경우 개업한 병원의 매출에 따라 달라질 것 같네요.

편 초임자의 연봉은 보통 얼마인가요?

전 인턴의 월 급여는 대학병원마다 다르지만 평균 300~350만 원이라고 해요. 연봉으로 계산하면 대략 4,000만 원 정도네요.

직급 체계는 어떻게 되나요?

편 직급 체계는 어떻게 되나요?

전 의사는 크게 기초의사와 임상의사로 나눌 수 있어요. 기초의사는 기초의학 분야에 대한 연구와 교육에 종사하는 의사를 말해요. 임상의사는 환자를 직접 대면해 진료하는 의사를 말하고요. 임상의사의 경우 인턴 1년, 레지던트 3~4년 과정이 끝나면 보통 전문의 시험에 응시해 면허를 취득하죠. 하지만 좀 더 깊이 있는 공부가 필요하다고 생각해 1~2년간, 길게는 3년간 세부 분야의 연구를 하는 사람들이 있는데요. 이를 펠로우라고 하며, 이후 대학병원에서 일하게 되면 조교수, 부교수, 교수로 직급이 올라가게 되죠. 보직을 맡게 되면 부장이나 실장, 부원장, 원장 등의 직급을 추가로 얻게 되고요. 반면 전문의 면허 취득 후 개인병원에서 일하는 경우 별다른 직급 체계가 없고, 대부분 대표원장 혹은 원장으로 근무하고 있어요. 제가 일하는 국공립병원에서는 급수로 직급을 대신하고요.

주기적으로 적성검사는 받나요?

[편] 주기적으로 적성검사는 받나요?

[전] 적성검사는 받지 않지만, 1년에 8시간 이상 연수를 받아야 의사 면허가 계속 유지돼요. 학회나 심포지엄 등에 참석해 필요한 학점을 채우고 있죠. 의학 분야는 새로운 지식과 기술이 나오는 속도가 빠르기 때문에, 의사들은 주기적으로 교육받으며 보다 나은 진료를 하기 위해 애쓰고 있어요.

근무 시간은 어떻게 되나요?

편 근무 시간은 어떻게 되나요?

전 보통 종합병원이나 대학병원의 경우 점심시간 한 시간을 제외하고 오전 9시부터 오후 6시까지가 진료 시간이라 그 시간 동안 근무하게 되죠. 대부분 토요일은 근무하지 않고요. 저희 병원도 주 5일, 40시간을 근무하게 되어 있어요. 많은 의사들이 진료 전후로 연구나 논문 작성, 강의 준비 등을 위해 추가로 일하긴 하지만요. 일반 병원의 경우 원장이 정하기 나름이라 근무 시간이 천차만별이에요. 월요일부터 토요일까지 일하는 곳도 있고, 일주일 중 하루 이틀은 야간 진료를 하는 곳도 있죠. 그러다 보니 의사 자신은 병원 진료를 받거나 개인적인 업무를 처리하기 힘들어 평일 하루 오후를 쉬는 시간으로 정해놓기도 하고요.

편 근무교대는 어떻게 이루어지나요?

전 일반 병원의 경우 근무교대가 따로 없지만, 대학병원이나 종합병원에서는 과마다 당직이 있어요. 각 병원의 규정이나 상황에 따라 당직 의사들이 2교대 또는 3교대로 근무하고 있죠. 저희 병원 같은 경우 한 달에 한 번 정도 당직을 서고 있어요.

편 휴일에도 일하나요?

전 앞서 얘기한 대로 일반 병원에서는 원장의 방침에 따라 휴일에 근무하기도 해요. 대학병원이나 종합병원의 경우 보통 토요일에는 외래가 없지만, 주 중에 처리하지 못한 일을 하거나 응급환자를 보기 위해 공휴일에 나오기도 하죠.

근무 여건은 어떤가요?

편 근무 여건은 어떤가요?

전 병원의 형태나 규모에 따라 근무 여건은 모두 다르겠죠. 규모가 크고 재정 상태가 좋은 대형병원의 경우 근무 환경이 상당히 좋은 편이에요. 규모가 작더라도 원장의 재량에 따라 여건을 잘 조성해 놓은 곳도 있고요. 저는 국공립병원에서 일하고 있어 장비나 시설 등이 잘 갖추어져 있고, 상대적으로 압박이 덜한 편이에요. 정신건강의학과라는 전공 특성상 응

급환자도 덜해 그런 것들로 인한 어려움도 없고요.

편 복지 여건은 어떤가요?

전 보통 일반 병원 개원의가 연봉은 더 높지만, 종합병원 또는 대학병원의 봉직의가 복지 여건은 더 좋아요. 병원에 따라 부양가족이나 교육, 의료와 관련된 수당을 지급하거나, 금융 또는 연금제도와 같은 복지 혜택을 제공하고 있죠. 하지만 개원의의 경우 어느 정도 수익이 보장되기 때문에 복지 여건이 좋지 않다 하더라도 큰 문제가 되지는 않아요.

노동 강도는 어느 정도인가요?

[편] 노동 강도는 어느 정도인가요?

[전] 인턴이나 레지던트의 경우 다른 직종과 비교하면 강도가 센 편이죠. 해야 할 일이 매우 많고, 야근이나 당직도 잦으니까요. 저 역시 당시에 평일은 물론 주말 중 하루는 일해야 했어요. 설이나 추석 같은 명절에도 꼭 하루씩 근무일이 끼어있어 고향에 못 가는 일도 많았고요. 특히 야간 당직을 서는 날이면 다음 날까지 피로가 풀리지 않아 많이 힘들었죠. 하지만 최근 전공의특별법이 제정되면서 근무 시간이 많이 줄었어요. 또한 정신건강의학과의 경우 중환자나 응급환자가 많은 다른 과의 의사보단 여유로운 편이고, 레지던트 또는 펠로우를 마치고 나면 노동 강도가 줄어 좀 더 편안하게 일할 수 있죠.

정년은 언제까지인가요?

편 정년은 언제까지인가요?

전 의사의 정년은 따로 없어요. 건강이 허락하는 한 계속 일할 수 있다는 게 이 직업의 장점 중 하나죠. 대학병원의 교수로 있는 경우 보통 65세가 정년이나 자신이 원한다면 이후 명예교수로 재직하거나 다른 병원의 봉직의로 일할 수 있고요.

직업병이 있나요?

편 직업병이 있나요?

전 의사는 병균에 노출되기 쉬운 환경에서 일하잖아요. 그러다 보니 감염이나 청결에 민감해졌어요. 저희 과의 경우 응급 환자가 거의 없어 급할 일이 없는데도 전공의 시절 밥을 빨리 먹던 게 습관이 됐는지 식사 시간이 빠르다는 것도 직업병이라면 직업병이겠죠. 건강을 위해 고치고 싶은데 잘 안되네요.

환자가 어떤 사건을 얘기하면 당시 무슨 생각이 들었는지, 어떤 감정을 느꼈는지, 어떤 행동을 취했는지 묻는데요. 그러다 보니 지인과 대화를 할 때도 상담을 하는 것처럼 자세히 꼬치꼬치 묻기도 해요. 잘 모르는 사람에게도 질문을 많이 하게 되고, 그러면서 어떤 성향인지 분석하려는 것도 정신건강의학과의사로서의 직업병이 아닐까 싶어요. 택시를 타면 기사님과의 대화도 상담 아닌 상담이 되어 버리죠. 누군가의 어떤 행동, 예를 들어 물건을 잘 버리지 못한다면 그 행동을 통해 저 사람의 심리 상태를 유추해 보는 일도 있고요.

처음 의사가 됐을 때
가장 걱정되었던 점은 무엇인가요?

편 처음 의사가 됐을 때 가장 걱정되었던 점은 무엇인가요?

전 처음 하는 일에는 늘 어려움이 동반되는 것 같아요. 운전만 해도 그렇죠. 자동차가 어떤 원리로 움직이는지 잘 안다고 해도 처음으로 직접 운전대를 잡고 차를 모는 일은 어렵잖아요? 이 일도 마찬가지였어요. 제 결정이 환자의 건강과 직결된다고 생각하니 처음엔 결정을 내릴 때마다 이게 맞는 방향인지 고민이 되었죠. 책에서 많이 본 케이스인데도 막상 결정을 할 때는 걱정이 뒤따랐고요. 다행히 수련 중에는 선배나 교수님들이 지도 감독을 해 주어 부담이 덜 했고, 나중에는 경험이 쌓이다 보니 점차 익숙해지게 되었죠.

정신건강의학과의사 생활을 하면서
가장 기억에 남는 순간은 언제였나요?

편 정신건강의학과의사 생활을 하면서 가장 기억에 남는 순간은 언제였나요?

전 처음으로 담당했던 환자의 상태가 좋아졌을 때 정말 뿌듯했어요. 아직도 그때를 생각하면 기분이 살짝 들떠요. 이후로 환자들이 상담을 통해 상처와 조금씩 이별할 때마다 성취감과 보람을 느꼈지만, 사실 가장 기억에 남는 순간은 전문의 시험에 합격했을 때였죠. 드디어 나도 공인된 정신건강의학과의사가 됐구나 싶어 정말 기뻤거든요. 시험 전엔 굉장히 두려웠어요. 앞서 전문의 시험의 합격률이 92~95퍼센트로 꽤 높은 편이라고 얘기했지만, 100퍼센트 합격은 아니잖아요. 100명이 시험을 보면 다섯 명은 떨어진다는 건데, 그 안에 제가 속할까 봐 불안했죠. 불합격하면 시험을 다시 봐야 하는 것은 물론 1년을 또 힘들게 근무해야 한다는 염려 때문에 많이 힘들었고요. 그런 만큼 이제 어엿한 전문의가 되어 환자들을 만날 수 있다는 생각만으로 벅찼던 그날이 가장 기억에 남는 순간이 되었어요.

다른 분야로 진출이 가능한가요?

편 다른 분야로 진출이 가능한가요?

전 저 때만 해도 의대생의 진로는 연구나 진료에 국한되어 있었어요. 하지만 요즘에는 의학을 전공했다고 해서 반드시 의사가 되는 것은 아니죠. 제가 아는 사람들 중에도 언론사에 들어가 의학전문기자로 일하는 분이 있어요. 그 밖에도 제약회사에 입사해 신약을 연구하거나 마케팅과 관련된 업무를 할 수도 있고, 변호사 자격을 취득해 의료전문 변호사가 될 수도 있죠. 보건복지부나 식품의약품안전처와 같은 국가기관에서 공무원으로 일하거나, 세계보건기구나 유엔과 같은 국제기구에서 일할 수도 있고요.

정신건강의학과의사로 일하지만 병원이 아닌 곳에서 일할 기회도 많죠. 앞서 소개한 대로 제 친구처럼 대기업에 입사해 직원들의 정신건강을 위해 일하는 것도 가능해요. 지자체에 소속된 정신건강복지센터에서 주민들의 정신건강을 돌볼 수도 있겠죠. 중독자 재활 및 사회복귀에 힘쓰는 중독관리통합지원센터, 성폭력 피해자를 지원하는 해바라기센터, 범죄 피해자의 정신 피해 회복을 돕는 스마일센터 등에서 사회복지사나 임상심리사와 함께 일할 수도 있고요.

현재 삶에 만족하세요?

편 현재 삶에 만족하세요?

전 우리는 불완전한 세상에 살고 있죠. 알아야 할 것도, 책임져야 할 것도 많은 삶, 과거는 후회스럽고 미래는 불안한 삶, 너무나 쉽게 서로에게 상처를 주는 삶을 살고 있잖아요. 그런 세상에 던져진 우리는 자신의 마음, 타인의 시선, 끔찍한 경험 때문에 잠 못 이루기도 하죠. 계속 짜증이 나고, 누군가에게 내 심정을 하소연하고 싶기도 하고요. 그런 분들이 감정을 해소하고 앞으로 나아갈 수 있도록 돕고 있어 정말 뿌듯하기 때문에 이 일은 저에게 잘 맞는 옷이라는 생각이 들어요. 여전히 누군가를 온전히 이해하기는 쉽지 않지만, 계속해서 사람들의 지친 마음에 위로를 드리고 싶어요. 힘들고 괴로웠던 일이 모두 부정적인 상황으로 이어지는 것이 아니라, 긍정적인 면도 있다는 사실을 알려드리고 싶고요. 우리 인간은 어떤 경험이든 그것을 통해 성장하며 한 발 앞으로 나아가니까요.

편 다시 태어나도 의사가 되고 싶으세요?

전 지금 이 삶이 만족스럽긴 하지만, 의사는 한 번 해 봤으니 다른 일을 해 보고 싶네요. 지금껏 전혀 경험한 적 없는 새로운 일에 도전해 보고 싶어요.

편 선생님이 가장 존경하는 의사는 누구인가요?

전 제가 가장 존경하는 분은 장기려 박사님이에요. 6.25 전쟁 이후 가족을 두고 한국으로 내려와 평생 환자들을 진료한 분이신데요. 후진 양성은 물론 간 연구도 활발하게 수행해 외과학 분야의 학문적 발전에 큰 기여를 하셨죠. 무료 진료 기관인 복음병원을 설립하고, 25년간 영세민들에게 의료복지 혜택을 주기 위한 기틀을 마련하기도 하셨고요. 의대 입학 당시 가난하고 헐벗은 불쌍한 환자들의 의사가 되겠다고 한 약속을 평생 동안 지키려고 노력하신 훌륭한 분이에요.

나도

정신건강의학과
의사

제 마음을
읽어주세요

내가 정신건강의학과의사라면
다음과 같은 고민을 가진 사람에게
어떤 이야기를 해줄 수 있을까요?

◆ ◆ 자주 우울해요. 왜 그런 거죠?

(Tip)

우울한 감정의 원인을 살펴보면, 환경적인 원인과 개인적인 원인으로 나누어져 있어요. 예를 들어 어떤 사람이 추운 날씨에 감기에 걸렸다면, 추운 날씨가 영향을 주어서 그런 것일 수도 있고 다른 사람보다 기관지가 약하기 때문에 그런 것일 수도 있죠. 우울증도 마찬가지예요. 우울한 이유 역시 다른 사람보다 우울을 야기할 만한 스트레스가 많아서일 수도 있고, 스트레스에 대한 대응 방식이 달라 스트레스에 계속 빠지기 때문일 수도 있죠. 자주 우울하다면 스트레스를 관리해 보는 것은 어떨까요? 스트레스 관리법에는 긍정적으로 사고하기, 성급하게 일반화하지 않기, 호흡 가다듬기, 명상하기, 운동하기, 규칙적인 생활습관 길들이기, 충분한 수면 취하기 등이 있어요. 자신에게 맞는 방법을 찾아보세요.

◆ ◆ 우울증이 식습관과 관련 있다고요?

Tip

우울증의 증상 중 하나가 식습관 문제예요. 기분이 우울한 사람의 경우 일상생활이나 식사 습관이 불규칙해지기 쉽기 때문에 연관성이 나타나는 것으로 보고 있죠. 또한 우울증은 세로토닌이라는 물질과 연관이 많아서 이 성분이 들어간 우유나 치즈, 견과류 등을 섭취하면 우울증 해소에 도움이 되기도 해요. 마그네슘과 칼슘도 마음을 안정시켜주는 작용을 하기 때문에 관련 식품을 먹는 것도 좋겠고요.

◆ ◆ 끊임없이 깃드는 이 외로움의 근원은 무엇인가요?

_____

_____

_____

_____

(Tip)

외로움을 느낄 때 그것이 어디에서 비롯되었는지 생각해 보세요. 무조건 피하거나 사로잡힐 것이 아니라 근원이 무엇인지 고민해 보는 것이죠. 누군가가 떠나고 혼자 남겨지는 것, 대인관계에서의 실망, 가까운 사람조차 내 마음을 몰라주는 것 등 각자의 상황에 따라 외로움의 원인은 다양할 거예요. 그렇지만 깊이 들어가 보면 결국 관계와 소통의 단절에 대한 극심한 불안과 슬픔이 그 근원이라 할 수 있겠죠. 하지만 이런 식으로 원인이 선명하게 드러나지 않는 외로움도 있어요. 혼자 있어도 외롭지 않거나, 곁에 누가 있어도 외로운 경우가 있잖아요. 사람들과 원만한 관계를 맺어오다가도 길을 걷거나 음악을 듣다가 불현듯 느끼는 공허로 인해 외롭다고 느낀 적도 있을지 몰라요. 그럴 때 인간은 원래 마음 안에 외로움이라는 감정을 가지고 태어났다고 생각해 보는 건 어떨까요? 인간이라는 불완전한 존재는 모두 그렇게 한순간 외로움으로 인해 서글퍼진다고 생각하면 조금 덜 힘들 것 같네요.

◆ ◆ 갑자기 화가 나면 분노를 조절하는 게 힘들어요.
　◆　어쩌죠?

(Tip)

사람이라면 누구나 화가 나기도 하는데요. 화가 난 상태에서 그 화를 표출하고 싶어 하는 것은 당연한 반응이에요. 끓고 있는 압력밥솥을 생각해 보세요. 중간에 뚜껑을 열면 증기가 갑자기 분출되겠죠. 밥이 잘 되려면 온도를 줄이며 서서히 증기를 빼내는 작업이 필요하듯 화 역시 한꺼번에 과도하게 표출하는 것이 아니라 서서히 분출하는 것이 중요해요. 예를 들어 친구 때문에 화나는 일이 있다고 해 봐요. 당장 친구에게 가 따지기보다는, 화났던 일을 종이에 적는다거나 다음날 이야기한다거나 하는 식으로 우선은 그 상황을 피하는 것이 좋아요. 시간을 두고 마음과 생각을 정리하는 것이죠. 물을 한잔 마시고 심호흡을 하며 화를 조금 가라앉히는 것도 좋고요. 화가 난 상태에서 갑자기 얘기를 하게 되면 자신의 감정이나 생각을 올바르게 표현하기가 힘들거든요. 화가 난 상태에서 적은 글을 다음날 보면 내가 왜 이렇게 화가 났었지, 이렇게까지 화날 일은 아닌데 하고 생각할 수도 있어요. 시간은 분명 화를 삭이는 데 도움을 줘요. 유독 분노를 자주 느낀다면 스트레스와 관련이 있을 수 있으니 그런 경우라면 상담을 받아보는 걸 추천해요. 상담을 통해 분노의 원인을 알게 되면 감정을 조절하는 데 도움이 되거든요.

◆ ◆ 멍 때리기가 정말 기억력을 향상시키나요?

Tip

기억력은 집중력과 관련되어 있어요. 우리가 기억을 잘 하지 못하는 이유 중 하나는 산만함 때문이죠. 여러 가지 생각들이 어지럽게 널려 있으면 그만큼 집중을 하지 못하게 되어 기억력이 약화되거든요. 멍 때리기와 명상은 엄연히 다른 것이지만, 멍 때리기를 일종의 명상이라고 본다면 기억력을 높이는 데 도움이 된다고 할 수 있어요. 명상처럼 소리나 호흡 등의 감각에 집중하는 훈련을 계속하다 보면 잡생각이 사라지며 집중력이 높아지고, 집중력이 올라가면 기억력이 강화될 수 있으니까요.

◆ ◆ 공황장애가 잘 생기는 성격이 따로 있다고요?

Tip

공황장애가 잘 생기는 성격이 있다기보다는 어떤 사건을 대했을 때 받아들이는 방식에 따라 공황 증상이 나타나기도 해요. 사람들이 길을 가다가 넘어졌을 때 "나는 왜 조심성이 없지", "누가 길을 안 치웠지", "다치지 않아서 다행이다" 등 반응은 제각각인데요. 일상생활에서 겪는 크고 작은 사건들로 인한 다양한 반응은 개개인의 정신건강 문제와 관련이 있어요. 어떤 사건을 경험한 후 자신이 겪은 일을 마음속에 꾹 담아둔다면, 개인적인 충동이 억압되어 있다가 공황이라는 방식으로 표출되기도 하죠.

◆ ◆ 어려서부터 산만하고 집중력이 떨어진다는 얘기를
　◆ 자주 들었어요. ADHD를 의심해 봐야 하나요?

(Tip)

산만하고 집중력이 떨어지는 것은 ADHD의 증상 중 하나예요. ADHD는 주로 나타나는 증상에 따라 주의력결핍형과 과잉행동·충동성형, 이 두 가지가 결합된 혼합형으로 나눌 수 있죠. 부수적인 증상으로 감정 조절의 어려움이나 대인관계의 어려움, 학습 및 수행능력의 저하 등이 동반되기도 하고요. 차분하게 있지 못하고 계속 움직이거나 어떤 활동을 하는데 자꾸 다른 행동을 하느라 중단이 된다면 ADHD를 의심해 볼 수 있어요.

◆ ◆ 갑작스러운 성격 변화, 어떤 병의 조짐인가요?

_____

_____

_____

_____

(Tip)

갑작스러운 성격 변화는 여러 원인에 의해 나타날 수 있는데, 그중 하나가 기분장애예요. 기분장애란 기분 조절이 어렵고 비정상적인 기분이 장시간 지속되는 것으로, 우울증과 조증이 대표적인 증상이죠. 조증인 경우 기분이 들떠서 쉽게 흥분하거나 갑작스러운 행동의 변화가 나타날 수 있어요. 조증 상태의 과도한 행복감은 시간이 지날수록 과민한 기분으로 변하고, 자신의 계획이 방해받을 경우 참지 못하고 화를 내거나 난폭해지며, 환각이나 망상이 나타날 수도 있으니 증상이 있다면 빨리 상담을 받아보는 걸 추천해요.

◆ ◆ 주변에 물건을 버리지 못하고 쌓아두는 사람이
◆ 있어요. 왜 그러는 거죠?

Tip

물건을 버리지 못하는 것은 일종의 강박증이에요. 강박증은 어떤 행동이나 생각을 계속해서 하게 되는 것을 말하는데요. 예를 들어 손이 더럽지 않은데도 더럽거나 세균이 있다고 생각해서 계속해서 손을 씻는 행위를 청결 강박이라고 하죠. 위 사례처럼 사용 여부에 관계없이 어떤 물건이든 버리지 못하는 것을 저장 강박이라고 하고요. 물건을 저장하지 못하면 불쾌하고 불편한 감정을 느끼게 되죠. 어떤 학생이 처음으로 부모님과 함께 간 놀이동산의 표를 소중히 간직하는 것은 일반적으로 이해 가능한 행동으로 볼 수 있어요. 하지만 놀이동산에 갈 때마다 표를 버리지 못하고 모아놓는다면 저장 강박은 아닌지 생각해볼 필요가 있겠죠.

◆ ◆ 손에서 스마트폰을 놓지 못하는 친구가 많아요.
　 ◆ 사람들이 중독에 빠지는 이유는 뭔가요?

Tip

알다시피 중독은 잘못된 습관인데요. 잘못된 습관으로 인해 인간이 쾌감을 느끼게 되면 거기에서 빠져나가는 것이 굉장히 어려워요. 과거 술이나 약물 같은 물질 중독이 주를 이루던 것에서 최근에는 과도한 쇼핑이나 게임, 인터넷, 스마트폰 사용과 같은 행위 중독이 확산되고 있어요. 중독이 되면 과의존하게 되고 도저히 끊을 수 없는 양상이 나타나게 되므로, 중독에 빠지지 않으려면 계획을 정하고 접근하는 것이 좋아요. 예를 들어 스마트폰에 대한 의존도가 높은 경우 시간을 정해놓고 계획한 시간만큼만 사용하는 등의 전략이 필요하죠.

◆ ◆ 음식에 집착하는 이유는 뭘까요?

(Tip)

음식에 집착하는 것도 일종의 중독으로 볼 수 있어요. 음식을 끊임없이 원해 과식과 폭식을 자주 하게 되는 것을 음식 중독으로 보고 있거든요. 음식에 중독된 사람들은 배고픔을 채우기보다는 먹는 것을 통해 정신적인 쾌감을 느끼기 위해 점점 더 많이 먹게 돼요. 배가 고프지 않은 데도 음식을 과도하게 먹는 것이죠. 심리적으로는 외로움이나 애정에 대한 결핍이 음식 중독으로 나타나기도 하고요. 따라서 음식에 집착한다면, 진짜 배가 고픈지 아니면 습관적으로 음식을 먹는 것은 아닌지 살펴볼 필요가 있어요.

◆ ◆ 매운 음식을 먹으면 정말 스트레스가 풀리나요?

⊙ Tip

매운 음식을 먹으며 스트레스를 푼다는 사람들이 적지 않은데요. 매운 음식이 어떤 작용을 해서 스트레스를 줄인다기보다는, 자극적인 음식을 먹음으로써 짜릿함을 얻고 위험을 즐기려는 본능이 충족되면서 잠시 스트레스 상황을 잊는 것이죠. 우리의 뇌는 쾌락을 담당하는 영역과 고통을 담당하는 영역이 상당히 많이 겹쳐 있어요. 매운맛의 고통이 쾌락과 연결되어 스트레스가 해소되는 것처럼 느껴져 매운 음식을 즐기는 것이라고 보는 견해도 있고요.

◆ ◆ 왜 사는지 모르겠어요. 어떻게 하면 삶의 의미를 찾을
◆ 수 있죠?

Tip

삶의 이유는 정말 다양하죠. 사람마다 추구하는 인생의 방향이 모두 다르니까
요. 삶의 이유를 찾기 위해선 우선 긍정적인 생각을 가지는 게 중요해요. 어떤
대상이나 현상이든 조금 더 열린 시각으로 바라본다면 삶의 의미를 더 쉽게 찾
을 수 있거든요. 저 역시 마음이 어지럽고 힘들 때가 있었지만, 그럴 때마다 애
써 좋은 점을 찾으려고 해 봤어요. 밝은 생각에 초점을 맞추다 보니 우울감이
줄어들고 오히려 나는 행복한 존재라고 느껴졌죠. 삶은 누구에게나 녹록지 않
지만, 긍정적인 사고를 하면 삶의 의미를 찾는 데 도움이 될 것 같네요.

◆ ◆ 부탁을 거절하지 못하겠어요. 어쩌면 좋죠?

(Tip)

가까운 사람들의 부탁을 거절하기란 쉬운 일이 아니죠. 많은 경우 내가 거절을 함으로써 상대가 마음을 다칠까 봐 걱정하거나, 자신을 이기적으로 생각할까 봐 염려하거든요. 또는 거절하는 방법을 몰라서 그럴 수도 있고요. 긍정적으로 거절하는 법도 훈련을 통해 익힐 수 있어요. 먼저 내가 해줄 수 있는 일인지 따져보세요. 불가능하다고 판단되면 미안하지만 내가 할 수 없는 일이라고 부드럽게 말하면 돼요. 나 스스로를 지키려면 나를 중심에 두고 도울 수 있는 게 어디까지인지 말해줘야 하죠. 거절을 했더라도 서로에게 도움이 되는 방식이나 타협안을 제시하면 유대관계를 더욱 돈독히 할 수도 있으니 거절을 너무 두려워하지 마세요.

◆ ◆ 친구들과 대화하는 게 힘들어요. 어떻게 하면
　　◆ 자연스럽게 대화할 수 있을까요?

(Tip)

대화는 서로 간의 상호 작용이에요. 한 사람의 말을 다른 사람이 잘 받아들여야 자연스러운 대화가 가능하죠. 상대방이 하는 말을 잘 듣고, 말의 진의를 파악하는 것도 중요해요. 예를 들어 어떤 사람이 "날씨가 너무 더워요."라고 했을 때, 이 말에 대한 반응은 사람마다 다를 수 있어요. 정보 전달의 의미로 받아들인다면 "그러게요. 오늘 낮 기온이 30도가 넘는대요."라는 대답이 나올 수도 있겠죠. 위로의 말을 듣고 싶을 거라 생각해 "더운데 공부하러 나와서 힘들겠네요."라고 말할 수도 있어요. 뭔가를 부탁하는 것으로 이해해 "네. 에어컨을 켜드릴까요?"라고 대답할 수도 있겠고요. 자신이 파악한 뜻에 따라 대화가 이어지는 것이죠. 다른 사람의 말을 잘 수용하고, 상대의 의도와 맥락을 이해하는 것에 익숙해진다면 대화가 좀 더 자연스럽고 풍성해질 거예요.

◆ ◆ 걱정이 너무 많아요. 어떻게 하면 걱정 좀 그만할 수
◆ 있을까요?

'기우'라는 고사성어가 있어요. 옛날 중국 기나라에 살던 한 사람이 "만일 하늘이 무너지면 어디로 피해야 좋을 것인가?"하고 자지도 먹지도 않고 걱정만 했다는 데서 유래한 말이죠. 앞일에 대해 쓸데없는 걱정을 한다는 뜻이고요. 걱정을 한다고 해서 일이 해결되지는 않아요. 예를 들어 어떤 학생이 시험을 봤는데 망친 것 같단 생각이 들어요. 결과는 다음 주에 나오는데, 그때까지 "내가 왜 이런 답을 썼지?", "다른 친구들은 모두 시험을 잘 봤겠지?", "점수가 너무 낮으면 어쩌지?"와 같은 걱정을 한다고 해서 시험 점수가 바뀌는 것은 아니잖아요. 또는 시험 전에 "곧 시험인데 이 많은 내용을 언제 다 보지?"하고 걱정한다고 해서 효율이 늘어나진 않죠. 우리는 감정을 지닌 동물이라 걱정으로부터 100퍼센트 해방되기란 쉽지 않아요. 그렇다면 상황을 좀 더 객관적으로 보고 별걱정인지 아닌지를 판단해 볼 필요가 있어요. 그리고 꼭 필요한 걱정만 하는 거죠. 당연한 걱정인지 쓸데없는 걱정인지는 자신도 분명히 알고 있을 거예요. 굳이 부정적인 감정을 부풀려가며 기분을 망치는 일은 없었으면 해요.

◆ ◆ 다이어트 약을 끊지 못하겠어요. 계속 먹어도
  ◆ 될까요?

Tip

다이어트 약을 먹으면 살이 빠지는 데 도움이 된다고 해요. 하지만 다이어트 약을 끊으면 다시 살이 찐다는 사람을 많이 봤죠. 평생 약을 먹을 순 없으니 행동의 변화가 필요해 보여요. 행동의 변화 없이 약만 먹는다면 요요현상으로 인해 언젠가는 다시 원래의 체중으로 돌아갈 테니까요. 다이어트 약의 경우 부작용에도 주의해야 해요. 다이어트 약 중 하나인 암페타민 유도체 성분의 식욕억제제는 단기간 동안 소량만 사용하는 것을 권장하고 있어요. 장기간 복용하면 우울감이나 정신과적 혼란 등을 유발할 수도 있거든요. 부작용의 가능성이 있으니 꼭 필요한 경우에 단기간만 복용하는 게 좋아요.

◆ ◆ 　반려동물이 죽어서 너무 슬퍼요. 어떻게 극복해야
　◆ 　할까요?

（Tip）

가까운 사람 혹은 반려동물이 죽었을 때 슬픔에 빠지는 것은 인간의 정상적인 반응이에요. 오히려 담담하고 슬프지 않은 것이 비정상이죠. 슬픔을 당연한 감정으로 받아들이고, 반려동물과의 소중한 추억을 생각하면서 일상에 적응해 나가면 돼요. 계속 비통에 잠겨 고통 속에서 지낸다고 죽은 반려동물이 돌아오지는 않겠죠. 일을 미루거나 사람과의 만남을 피하며 슬픔에 깊게 빠져있기보다는 차츰 일상으로 복귀해 부재에 서서히 적응해 나가는 건 어떨까요?

◆ ◆ 약으로 행복해질 수 있을까요?

(Tip)

약으로 모든 불행을 사라지게 할 수는 없지만, 약이 불행을 없애는 데 도움을 줄 수는 있죠. 우울증 약이 그래요. 전에 우울증 약이 개발되었을 때, 인간의 감정을 약으로 조절한다고 해서 사회적으로 큰 논란이 된 적이 있었어요. 하지만 지금은 어때요? 매우 널리 쓰이며 많은 사람들의 고통과 억울감을 덜어주고 있죠. 그런데 약 자체가 인간을 행복하게 만들어 주는 건 아니에요. 어떤 학생이 대학 시험에 떨어졌는데, 약을 먹는다고 마법처럼 기분이 좋아질 수는 없거든요. 어떤 약이든 괴로움을 이겨내는 데 도움을 줄 수는 있지만, 즉각적으로 행복을 가져다주지는 않아요.

정신건강의학과
의사

업무
엿보기

마음 진료실

영화 속 주인공이
진료실에 찾아왔어요.
슬픈 사연을 가진 이 친구들,
치유가 가능할까요?

〈이보다 더 좋을 순 없다〉

환자

영화 속 주인공 멜빈 유달은 강박장애가 있는 로맨스 소설 작가예요. 길을 걸을 때 보도블록의 틈을 밟지 않고, 사람들과 부딪히지 않으려고 뒤뚱뒤뚱 거리죠. 식당에 가면 언제나 똑같은 테이블에 앉고, 가지고 온 플라스틱 나이프와 포크로 식사를 하고요. 이러한 독특한 행동과 신경질적인 성격 탓에 모두들 그를 꺼려 하는데요. 멜빈 유달은 강박장애에서 벗어날 수 있을까요?

의사

강박장애란 원하지 않는 생각과 행동을 반복하게 되는 강박사고와 강박행동이 주된 증상인 불안장애의 일종이에요. 청결행동이나 확인행동, 반복행동, 정돈행동, 지연행동 등의 형태로 나타나며, 스스로 부적절하거나 지나치다고 생각은 하지만 불안감 때문에 반복된 행동을 멈출 수 없게 되죠. 이러한 강박장애는 왜 생기는 것일까요? 여러 가지 이론이 있는데, 그중 생물학적 이론에 따르면 우리 뇌 구조의 결함으로 인한 기능 이상이 강박장애를 초래한다고 해요. 반복적인 행동을 통제하지 못하는 것은 전두엽의 기능이 손상되었기 때문이라는 것이죠. 강박장애의 경우 약물치료나 행동치료, 인지행동치료, 가족치료 등으로 개선이 가능해요.

〈굿 윌 헌팅〉

환자

영화 속 주인공 윌은 수학과 법학, 역사학 등 모든 분야에 천재적인 재능이 있지만, 어린 시절 부모의 폭력에서 기인한 상처로 인해 쉽게 마음을 열지 못하죠. 윌의 재능을 알아본 MIT 수학 교수인 램보는 대학 동기인 심리학 교수 숀에게 윌을 부탁해요. 거칠기만 하던 윌은 숀과 함께 시간을 보내며 차츰 변화하기 시작하는데요. 윌의 상처는 치유될 수 있을까요?

의사

이제껏 들어본 적 없던 부모의 호통에 흠칫 놀란 아이는 자신을 탓하게 돼요. 이제 부모가 나를 더 이상 사랑하지 않는다고 느끼거나 심한 혼란에 빠지기도 하죠. 아이들의 경우 인격을 형성하는 시기에 폭언이나 폭력에 계속해서 노출되면, 평소에도 긴장감과 불안감을 느끼게 되고 지우기 힘든 마음의 상처를 입게 되는데요. 그런데도 실제 많은 가정에서는 훈계라는 이름으로 시작한 폭언과 체벌이라는 이름으로 시작한 폭력이 자행되고 있죠. 가장 믿고 의지하며 사랑하는 사람에게 폭언이나 폭력을 당한 아이들, 치유될 수 있을까요? 너무나 깊고 곪아 있어서 절대 회복될 수 없을 것 같은 트라우마라 해도 치유가 불가능한 건 아니에요. 그걸 외상 후 성장이라고 하죠. 상처를 이겨내고 성장하려면, 당장 자신을 향한 자책과 비난을 멈춰야 해요. 아이는 자신의 잘못으로 그런 일이 일어났다고 생각하는 경우가 많거든요. 손은 윌에게 "네 잘못이 아니야"라고 반복해서 말해 주며 꼭 안아주죠. 절대 나 때문이 아니라는 이 따뜻한 말과 포옹이 주는 원초적 위로 덕분에 윌은 위안을 얻어요. 사실 도움이 절실하지만 신고하는 것이 두려워 상담조차 받지 못하는 경우가 많은데요. 상처를 극복하려면 우선 자신의 상황을 알리고 도움을 요청하는 것이 필요하니 용기를 내는 것이 매우 중요해요.

정신건강의학과
의사에게
궁금한

Q&A

Q '시간이 지나면 괜찮아질 거야'라는 막연한 믿음이나, '마음이 아픈 건 의지로 이겨내야지, 약까지 먹어야 해?'라는 생각을 가진 사람이 많더라고요. 그런 이유로 정신과 방문을 멀리하는 경우가 많은데요. 몸에 생긴 병을 조기에 발견하면 치료가 쉽고 예후가 좋듯, 마음에 생긴 병 역시 조기에 발견하고 치료하는 게 중요한가요?

A 네. 모든 병이 그렇듯이 정신건강의학과 질병들도 조기에 발견하면 도움이 많이 되죠. 약물 치료만 하더라도 일찍 시작할수록 반응이 더 좋은 편이거든요. 증상이 진행되면 다양한 문제가 생길 수도 있기 때문에 조기 치료가 중요하기도 하고요. 예를 들어 우울증이 심해지면 자해나 자살 시도와 같은 행동을 할 수도 있고 짜증을 많이 내서 주변 사람들과의 관계가 악화될 수 있는데, 일찍 발견해서 치료하면 이러한 점을 예방할 수도 있죠. 또한 조기 발견 시 생활 습관 교정이나 상담만으로도 병의 진행을 변화시킬 수 있어 도움이 되고 있어요.

Q 매해 건강검진을 받듯이 정신건강도 정기점진이 필요하다고 보시나요?

A 건강검진 시 정신 건강검진도 함께 받으면 좋을 거라 생

각해요. 실제 일부 병원에서는 건강검진 항목에 정신과 평가를 포함하고 있죠. 연령이 높은 수검자의 경우 치매 검사를 포함하기도 하고요. 혈압이 높다는 것을 그냥 알 수는 없잖아요. 혈압 측정을 해 봐야 높은지 낮은지 알 수 있듯이 우울증도 검진을 하지 않으면 알지 못해요. 정신건강과 관련된 문제는 몸에 생긴 상처처럼 우리 눈에 드러나는 것이 아니라 모른채 생활할 수 있고, 신체 질환과 마찬가지로 조기에 발견할수록 치료 효과가 높기 때문에 정기적인 검진이 필요하다고 생각해요.

Q 상담을 받고 싶긴 한데 비용이 너무 비쌀까 봐 주저하는 사람이 많다고 해요. 실제로 상담을 하면 비용이 많이 드나요?
A 많은 사람들이 상담 비용이 비쌀 거라고 생각하는데, 의료 보험이 적용되는 상담 비용은 그렇게 비싸지 않아요. 초진인지 재진인지와 상급종합병원인지 일반 병원이나 의원인지에 따라 다르지만 그렇게 큰 부담이 가는 금액은 아니죠.

Q 약물 치료에 대한 부담도 있죠. 약물에 의존하거나 중독될 가능성 때문에 꺼리는 사람들도 있는데요. 정신과에서 처방해 주는 항우울제나 수면제, 계속 복용해도 괜찮은가요?

A 꽤 많은 사람들이 정신건강의학과 약을 먹으면 중독이 된다거나 머리가 멍해진다고 생각해요. 다른 약에 비해 유독 독하다는 의견도 있고요. 하지만 이런 생각은 편견인 경우가 많아요. 아무래도 예전에는 정신건강의학과 약물이 발달하지 않아서 실제로 독한 약들이 있기도 했는데요. 요즘은 의학 기술의 발달로 부작용이 거의 없는 약들이 나오고 있죠. 일부 신경안정제나 수면제의 경우 중독될 위험이 있긴 하지만 의사의 처방대로만 복용한다면 대부분 큰 문제가 없고요. 대개 중독 환자들은 의사의 처방 없이 또는 의사의 처방보다 과하게 약을 먹어서 발생하고 있죠.

Q 가벼운 우울 증상이 지속되는 사람들을 종종 봐요. 심각한 상황은 아니라고 생각해서인지 병원을 찾지는 않더라고요. 병원에 가지 않고도 일상의 소소한 우울을 극복하고 건강한 마음을 유지하는 방법이 있을까요?

A 우울증을 예방하려면 우선 규칙적으로 생활하는 것이 좋

아요. 건강한 신체에 건강한 정신이 깃든다는 말도 있잖아요. 정해진 시간에 식사를 하고 운동이나 산책을 하면 활기가 생기고 기분이 좋아지죠. 우울하다고 해서 누워있거나 집 안에만 있거나 식사를 거르면 더 우울해질 수 있거든요. 사람들과의 관계도 중요해요. 마음이 가라앉을수록 사람들을 만나서 이야기하고 도움을 요청하는 것이 우울증 예방에 도움이 되죠. 그다음은 긍정적인 생각이에요. 우울증은 부정적인 생각에서 비롯되는 경우가 많거든요. 컵에 물이 반 정도 차 있을 때, 반밖에 남지 않았다고 생각하는 사람과 반이나 남았다고 생각하는 사람은 차이가 있다는 말, 들어본 적 있을 거예요. 어떤 상황이든 긍정적이고 낙천적으로 바라보는 것은 우울증 예방에 도움을 줄 수 있어요.

Q 요즘 사람들은 자신의 몸과 건강한 삶에 관심이 많아요. 하지만 상대적으로 정신건강에 대해서는 주의를 기울이지 않거나 오해하고 있는 부분도 있죠. 현대인에게 정신건강이란 어떤 의미일까요?

A 현대인들은 누구나 스트레스를 경험하며 살아가고 있죠. 우리를 둘러싼 세상이 매우 복잡해진 데다 다양한 인간관계

를 가지게 되면서, 처리해야 할 일이 과도하게 많아지고 사람들 사이에서 상처를 받는 일도 종종 생기게 되었거든요. 스트레스뿐만 아니라 불안 증세나 온라인 쇼핑 중독, 스마트폰 중독과 같은 문제들도 증가하고 있죠. 그런데도 누구나 겪는 일이라 생각해 가볍게 생각하는 일이 많은데요. 신체 질환 측면에서 보면, 과거 사냥을 하던 시절에는 따로 운동을 하지 않았지만 요즘에는 헬스클럽에 다니거나 조깅 등을 하며 몸을 관리하잖아요. 마찬가지로 현대인이라면 이전과 달리 정신건강에도 관심을 기울이고 멘탈을 관리해 나가야 한다고 생각해요.

Q 스트레스와 공존할 수밖에 없다면, 내 스트레스의 요인을 파악하고 통제하고 싶어요. 가능한 일인가요?

A 스트레스의 강도는 상황에 따라 달라져요. 예를 들에 내일 여러 사람 앞에서 발표를 한다고 했을 때, 그 부담감은 사람마다 다를 거예요. 똑같은 상황이 주어져도 어떤 입장인지 혹은 그 상황을 어떻게 바라보느냐에 따라 스트레스 강도가 달라지거든요. 그러니 상황을 바라보는 새로운 시각을 갖는다면 스트레스를 줄일 수 있겠죠. 앞에서도 얘기했지만 그러

기 위해선 긍정적인 마인드가 중요해요. 병원에 내원해 상담을 받을 경우 자율 훈련법이나 이완, 자기 통제법, 주장 훈련법 등으로 통제 훈련을 하고 있는데요. 일상 속 가벼운 스트레스의 경우 호흡이나 명상, 요가, 운동을 통해 일정 부분 통제가 가능하죠. 호흡이나 명상의 경우 기분이 나쁜 상태에서도 평정심을 유지하는 데 도움을 주고, 요가나 운동의 경우 기분을 가라앉히는 신경세포들을 활성화시켜 흥분된 감정을 조절하는 데 도움을 주거든요.

Q 자존감 회복 훈련법을 다룬 책이 베스트셀러가 된 적이 있었죠. 정말 훈련을 통해 자존감이 높아질 수 있나요?

A 타고난 성격이나 과거의 경험 등이 자존감에 영향을 미치는데요. 자존감은 생각과 행동의 변화를 통해 높아질 수도 있고, 우울증이나 부정적인 사고로 인해 낮아질 수도 있죠. 자존감을 높이는 가장 중요한 요소는 바로 나 자신을 있는 그대로 받아들이는 거예요. 그 누구도 아닌 자신에게 먼저 너그러워지면 돼요. 사랑받을 자격이 충분한 나이니, 자꾸 다른 사람들과 비교하거나 부족한 면만 찾아내지 말고 지금 내 모습 그대로를 인정해 주는 것이죠. 애초에 완벽한 사람이란 존재

하지 않아요. 부족함은 해결해야만 하는 문제가 아니라 우리 인간의 보편적인 모습이죠. 타인에게 하듯 나 자신도 객관적이고 너그럽게 바라본다면 자존감을 회복할 수 있을 거라 생각해요.

정신건강의학과
의사

전진용
스토리

🟦편 어린 시절에 대한 이야기가 궁금해요. 부모님은 어떤 분이셨는지, 어린 시절 환경은 어땠는지 알려주세요.

🟦전 저는 충북 청주에서 태어났고, 세 살 때 서울로 이사를 왔어요. 아버지는 회사에 다니며 경제 활동을 하셨고, 어머니는 전업주부로 저와 여동생을 돌보셨는데요. 나중에 아버지가 사업을 시작하시면서 어머니가 그 일을 도우셨어요. 부모님께서는 일 때문에 많이 바쁘셨지만, 저희들이 놀기만 하도록 방임하진 않으셔서 나름대로 착실히 생활할 수 있었어요. 미리 다음 날 배울 내용을 훑어보고, 학교에서는 선생님이 가장 잘 보이는 맨 앞자리에 앉아 수업을 열심히 들었죠. 집에 와서는 복습도 철저히 했고요. 그렇게 공부한 것들을 과목별로 알기 쉽고 깔끔하게 필기했어요. 워낙 정리가 잘 되어있어 친구들이 제 노트를 많이들 복사해 갔죠.

🟦편 그렇다면 성적도 좋았겠네요.

🟦전 소위 우리나라에서 가장 좋다는 서울대 의대를 간 건 아니니까 최상위권은 아니었죠. 그렇지만 시험을 보면 항상 상위권에는 있었어요.

편 학창 시절엔 어떤 학생이었나요?

전 책 읽는 걸 참 좋아했어요. 입시를 준비해야 하는 고등학생 때에도 책을 많이 읽었죠. 제가 학교를 다니던 시절이 학력고사에서 대학수학능력시험으로 바뀌고 얼마 지나지 않았던 시기였어요. 학력고사 점수만으로 지원하는 대학에 갈 수 있었는데, 갑자기 논술이나 토론, 인문학이 이슈로 떠오르면서 제가 소설을 읽어도 선생님들이 꾸중을 하지 않으셨죠. 오히려 독서를 장려하는 분위기였어요. 덕분에 다양한 한국문학이나 사회문제를 다룬 책, 역사 책들을 실컷 읽을 수 있었죠. 특히『나의 문화유산 답사기』란 책을 재미있게 읽었어요. 미술사학자인 유홍준이 대한민국과 일본의 문화유산을 답사하며, 관련된 인문학적 지식을 소개하고 현대적 의의를 설명하는 기행문의 일종이죠. 최근 어린이와 청소년의 눈높이에 맞춰 알기 쉽게 설명한『10대들을 위한 나의 문화유산답사기』도 출간되었는데요. 우리나라 역사와 문화유산에 관심 있는 학생이라면 추천해 주고 싶네요. 우리나라 역사를 한결 새로운 시각으로 바라보게 될 거예요.

편 특별히 좋아했던 과목이 있었나요?

전 어려서부터 워낙 책을 좋아해서 그런지 국어 과목이 재밌더라고요. 소설뿐만 아니라 시에도 흥미를 느껴 인상적인 시들은 모두 외워 암송하기도 했죠. 영어도 좋아했어요. 요즘은 초등학교에서 원어민 교사가 영어 수업을 하잖아요. 길거리에 나가도 외국인들을 쉽게 만날 수 있고요. 그런데 당시만 해도 원어민을 쉽게 접할 수 없었어요. 영어 학원도 지금처럼 다양하지 않았고요. 학교 수업 외에 영어를 배울 기회가 많지 않다 보니, KBS에서 방송하는 〈굿모닝 팝스〉란 라디오 프로그램을 즐겨 들으며 영어를 익혔고, 영어로 된 애니메이션과 드라마를 보기도 했어요. 실제 외국인들이 즐겨 쓰는 영어 표현도 배웠지만, 영국이나 미국의 문화를 공부하는 기회도 되었죠.

편 학창시절에 기억나는 사건이 있나요?

전 친한 친구들과 지방의 외할머니 댁에 가거나 과수원에 가서 신나게 놀았던 추억이 있긴 한데요. 사실 그런 추억들은 어렴풋하고, 지금 생생하게 기억나는 건 대학생 때예요. 제가 강릉에 있는 대학에 다녔는데요. 종종 동기들과 강릉 바닷

가로 놀러 나가 머리를 식혔죠. 의대생의 생활이란 게 공부와 시험의 연속이라 그렇게 한 번씩 쉬어가지 않으면 너무 힘들거든요. 언젠가는 닭 한 마리를 사다가 해부를 한다며 살을 죄다 발라낸 적도 있어요. 물론 발라낸 살은 팬에 구워 맛있게 먹었고요.^^

📖 선생님이 생각하는 본인의 장점과 단점은 무엇인가요?

📖 앞서 의사에게 적합한 성격을 얘기할 때, 꼼꼼함과 빠른 판단력을 거론했는데요. 제가 세심하고 꼼꼼한 편이긴 한데, 판단이 필요한 시기에 우유부단해질 때가 가끔 있어요. 다행히 응급을 요하는 환자가 많지 않은 과라 업무에 지장을 줄 정도는 아니지만 조금씩 개선해 나가고 싶어요. 거절도 잘 못하는 편이라 누군가 부탁하면 늘 들어주는 것도 단점일 수 있고요. 장점이라면 사람들에게 열려 있다는 점이에요. 어떤 생각이건 포용하기 위해 노력하고 있죠. 이런 제 성격이 공감과 이해가 필수인 이 일을 하는 데도 도움이 되고 있어요.

📖 어렸을 때 꿈은 뭐였나요?

📖 어려서는 과학자가 되고 싶었는데, 고등학교에 올라가자

의사가 되고 싶어졌어요. 이 일을 하게 되면 사람들을 도울 수 있다는 생각에 의사를 꿈꾸게 되었죠. 아프고 병든 사람들을 치료하는 의사들의 모습이 멋있어 보이기도 했고요. 아주 오래전에 MBC에서 〈종합병원〉이란 드라마를 방영한 적이 있어요. 제목 그대로 종합병원에서 벌어지는 의사들의 긴박한 일상을 그린 의학 드라마였는데, 이 작품을 비롯한 여러 의학 드라마를 보면서 의사의 세계에 더욱 흥미를 느끼게 되었죠. 물론 실제 의사가 되고 보니, 드라마 속의 의사와 현실의 의사는 많이 달랐지만요. 최근에는 〈슬기로운 의사생활〉이란 드라마를 재밌게 봤는데요. 저와 마찬가지로 이 드라마를 보면서 의사의 세계에 흥미를 느낀 친구가 있을지도 모르겠네요.

편 진로 선택 시 가장 중요하게 생각한 것은 무엇이었나요?

전 제가 어렸을 때만 해도 진로와 관련된 책이 드물었어요. 세상의 다양한 직업을 접할 기회도 흔하지 않았고요. 그런 여건에 있다 보니 사람들을 돕는 여러 직업이 있다는 것을 몰랐고, 그저 알고 있는 것 중에서 가장 흥미로운 분야를 선택하게 된 거죠. 그런데 지금은 많이 달라졌어요. 진로수업 시간이 따로 있고, 진로심리검사부터 진로체험 프로그램까지 직업을 체험할 수 있는 기회가 굉장히 많죠. 한 고등학교의 진로 캠프에 간 적이 있는데, 다양한 직업의 세계를 상당히 구체적으로 제시해 놓았더라고요. 그런 환경에서 자라서인지 직업 선택의 기준과 목표가 분명한 청소년들이 많고요. 하지만 아직 내가 어떤 것을 좋아하고, 어떤 것에 흥미가 있는지 잘 모르는 학생도 있겠죠. 그런 친구들에게 정신건강의학과 의사의 세계에 대해 소개할 수 있어 매우 기뻐요.

🔲 『슬픔을 공부하는 슬픔』이란 책에 이런 문구가 나와요. 인간이 배울 만한 가장 소중한 것과 인간이 배우기 가장 어려운 것은 정확히 같다. 그것은 바로 타인의 슬픔이다. 저 역시 타인의 아픔과 괴로움에 공감하고 소통하는 일이 쉽지는 않아 보여요. 정신건강의학과의사가 되기 전 타인의 슬픔을 계속해서 마주해야 한다는 것이 두렵지는 않으셨나요?

🔲 저희뿐만 아니라 모든 의사들이 타인의 슬픔을 마주하죠. 그런데 정신건강의학과의사는 타인의 슬픔을 마주 하긴 하지만 또 위로하기도 해요. 물론 처음에는 그들을 위로하는 것이 서툴렀지만요. 많은 환자들을 만나고 그분들의 마음을

위로하면서 나 자신도 더 성장하게 되었고, 자연스레 그러한 두려움도 줄어들었게 되었어요.

편 어떤 과정을 거쳐 이 직업을 갖게 되었나요?

전 정신건강의학과 전문의 자격을 취득한 후 공중보건의로 복역을 하게 되었어요. 보통 공중보건의가 되면 보건지소나 국공립병원에서 일하게 되는데, 저는 탈북민의 사회 정착을 지원하는 하나원에서 근무하게 되었죠. 3년 후 전역을 했는데, 개원을 하고 싶지는 않아 다시 종합병원에 들어가 펠로우 과정을 시작했어요. 그러던 중 하나원에 자리가 났다는 소식을 듣고 지원해 3년을 더 근무했어요. 그런 배경 때문에 전문의 취득 이후 남한 사람보다 북한 사람을 더 많이 보게 되었죠. 탈북민들에 대한 관심도 커졌고요. 탈북민과 같은 취약계층을 돕는 것이 좋아 지금 일하고 있는 국립정신건강센터로 오게 되었어요. 국립정신건강센터는 네 가지 기능이 복합적으로 구성된 공공기관이에요. '치료와 재활, 연구, 정책 개발과 지원, 국가 재난 시 국민들의 심리지원과 회복'의 네 가지 기능을 통해 국민들의 치유와 행복을 돕는 곳이죠. 사회적 보호가 필요한 분들에게 도움을 드릴 수 있어 보람 있는 것에 더해 공공기관의 특성상 개업의보다 압박감이 덜하다는 것이 이 일을 꾸준히 해 나가는 원동력이 되었다고 생각해요.

📧 의사가 되어 첫 출근한 날, 기억나세요? 어떤 생각이 들었는지 궁금해요.

🔵 의사 면허를 취득하고 인턴을 시작한 날이었는데요. 의사가 되어 환자를 진료한다는 기쁨보다는 걱정이 더 앞섰어요. 긴장도 많이 했고요. 새 가운을 입고 청진기를 목에 건 채 환자를 보러 갔는데, 너무 긴장을 한 탓에 제대로 진료를 한 건지 모를 정도였죠. 처음 들어갔던 데가 신경과라 연세가 많은 분들이 대부분이었고, 말을 잘 알아듣지 못하는 환자가 많아 그런 분들과 소통하는 것조차 쉽지 않았거든요. 어떻게 지나갔는지 모를 하루를 보내고, 밤이 되어 그제야 동기들과 야식을 시켜 먹으며 마음을 놓았던 기억이 있어요.

📧 꿈꾸던 것을 이루고 있다고 생각하세요?

🔵 장기적인 꿈은 아직 이루지 못했지만, 단기적인 꿈은 이루며 살고 있죠. 고등학생 시절 꿈꿨던 의사가 되었고, 아픈 사람들을 도우며 살고 있으니까요. 제 장기적인 꿈은, 거창할

지도 모르겠지만 우리 한 사람 한 사람의 변화를 통해 세상을 바꾸어 나가는데 일조하는 거예요. 많이 개선되긴 했지만 아직도 정신건강의학과를 바라보는 편견이 존재하잖아요. 탈북민에 대한 선입견도 있고요. 정신건강의학과는 누구든 마음이 아프면 올 수 있는 곳, 탈북민은 다른 지방에서 왔을 뿐 우리와 같은 사람이라고 생각했으면 좋겠어요. 열린 마음으로 상대를 바라보며 서로 배려하고 소통하길 바라고요. 인식 개선에 도움이 되는 책을 쓰고, 남북한이 가지고 있는 정신건강의 문화적 차이를 극복하는 데에 꼭 필요한 역할을 하고 싶은 것이 제 장기적이 목표예요.

편 추천해 주고 싶은 책이나 영화가 있다면요?

전 의료 윤리와 관련된 책이나 영화들을 소개해 주고 싶네요. 마이클 무어의 〈식코〉란 영화가 있어요. 미국의 민간의료보험 조직인 건강관리기구의 부조리와 충격적 이면을 폭로한 작품이죠. 감독은 그들의 열악하고 무책임한 제도를 신랄하게 비판하고 있는데요. 그가 말하는 바에 따르면, 미국의 의료보험제도는 수익논리에 사로잡혀 이윤을 극대화하기 위해 필요한 헬스케어 서비스를 생략하며 돈 없고 병력이 있는 환자들을 의료제도의 사각지대에 방치하여 결국 죽음으로 내몬다고 해요. 물론 이 영화는 2008년에 제작되어 지금의 현실과는 다소 차이가 있지만, 당시의 상황을 통해 의학적 행위를 하는 데 있어 전제되어야 할 원칙과 도덕에 대해 고민해 보는 계기가 될 수 있겠죠.

2014년에 출간되어 베스트셀러가 된 마이클 샌델의 『정의란 무엇인가』는 다들 들어보셨죠? 이 책은 구제금융, 모병제, 대리 출산과 같은 현실 문제를 비롯해 경로를 이탈한 전차, 고통의 대가를 계량하는 시험과 같은 사고 실험을 주제로 삼아, 위대한 사상가들은 정의에 대해 어떻게 생각했는지 비판적인 자세로 살펴보고 있어요. 우리는 살면서 딜레마에 빠지기도 하죠. 의사가 된 당신이 응급실 당직을 서는데, 두 명의 위중한 환자가 실려왔다고 해 봐요. 한 명은 살인범이고, 한 명은 아이의 아빠예요. 의사는 당신 한 사람밖에 없는데, 살인범이 몇 초 빨리 들어왔다면 그를 먼저 치료하는 것이 정의일까요? 쉽게 판단할 수 없는 문제죠. 혼자 결론을 내리기 어렵다면 책에 등장하는 여러 사상가들의 이론을 통해 올바른 삶이란 무엇인지 고민해 보세요. 이 책이 다소 버겁다면, 청소년의 눈높이에 맞춰 출간된 『10대를 위한 JUSTICE 정의란 무엇인가』를 읽어보는 것도 좋겠어요. 정의에 대해 고심하며, 어떤 문제 상황에서 가장 옳은 판단은 무엇인지 생각해 보는 연습은 꼭 필요하다고 생각해요.

『숨결이 바람 될 때』라는 책도 소개하고 싶어요. 서른여섯의 젊은 의사가 남긴 2년간의 기록이죠. 전문의를 앞둔 신경외과 레지던트 폴 칼라니티는 하루 열네 시간씩 이어지는 혹독한 수련 생활 끝에 원하는 삶이 손에 잡힐 것 같던 그때 폐암 4기 판정을 받아요. 신경외과의사로서 치명적인 뇌 손상 환자들을 치료하며 죽음과 싸우던 저자가 폐암 말기 판정을 받고 죽음을 마주하게 된 것이죠. 그렇지만 힘든 투병 생활 중에도 레지던트 과정을 마무리하는 등 삶에 대한 의지를 놓지 않아요. 죽어가는 대신 살아가는 것을 선택한 것이죠. 그 고뇌와 결단, 삶과 죽음의 의미에 대한 성찰, 숨이 다한 후에도 지속되는 사랑과 가치를 전하는 슬프지만 아름다운 책이에요. 언제 죽을지 정확히 알 수 없다면 계속 살아갈 수밖에 없음을 통감하며, 그의 인생에서 가장 소중한 것들을 찾고 지키기 위해 애썼던 모습을 보며 먹먹해졌어요. 삶과 죽음이란 무엇인지 더 치열하게 고민해 보게 되었고요. 여러분도 이 책을 통해 무엇이 인간의 삶을 의미 있게 하는지 스스로에게 묻고 답해 보는 시간을 가졌으면 좋겠어요.

편 자녀가 있다면 권할 만한 직업인가요?

전 최근 들어 의사를 바라보는 시각이 달라지긴 했지만, 그래도 여전히 어디를 가건 의사라고 하면 호의적으로 대해 주세요. 사람들의 건강을 책임지며 사회에 꼭 필요한 역할을 하고 있으니 그럴 테지요. 대학에서 4년간 배운 것들을 활용하지 못하는 사람도 많은데, 저희 같은 경우 6년 동안 갈고닦아 수련한 의술을 백분 활용할 수 있다는 것도 좋은 점이라고 생각해요. 치료가 잘 되었을 때 느낄 수 있는 보람과 안정적인 보수도 빼놓을 수 없는 장점이고요. 그러니 적성에 맞고, 역량이 된다면 권하고 싶어요.

편 정신건강의학과의사로서 앞으로 어떤 목표를 갖고 계시나요?

전 공중보건의 시절 우연히 하나원에 가게 되면서 탈북민들을 만나게 되었는데요. 그분들의 삶을 들여다보면서 탈북민을 나의 연구 주제로 삼아야겠다는 생각이 들었어요. 앞서 얘기한 대로 저 같은 경우 전역을 한 이후에도 탈북민들을 진료하며 그분들에 대해 더 깊이 알아갈 수 있었죠. 사실 탈북민을 진료하는 공중보건의는 많이 있어요. 하지만 저처럼 이후에도 관련 연구를 하거나 진료를 하는 사람은 드물죠. 그러다 보니 일상적 차별 또는 남한과 북한의 문화적 차이로 인해 스트레스를 받는 탈북민을 많이 만나게 되었어요. 스트레스와 부담감 때문에 다시 제 3국으로 떠나는 사람도 있다고 해요. 만약 통일이 된다면 그런 사람들이 더 많아지겠죠. 그분들이 건강한 방식으로 적응할 수 있도록 돕고 싶은 게 앞으로의 제 목표예요. 진료와는 별개로 인식 개선 노력을 통해 차별적 분위기를 둔화시키고, 두 문화가 서로 공존하는 사회를 만들고 싶고요.

편 마지막으로 정신건강의학과의사를 꿈꾸는 청소년들에게 하고 싶은 말이 있나요?

전 가끔 학생들에게 이메일을 받아요. 주로 의대생들이 보내는데, 탈북민과 관련된 질문이 많죠. 전문의가 되어 그들에게 실제적인 도움을 주고 싶다는 포부를 담은 글도 있고요. 만나자는 요청이 있으면 가능한 만나서 제 이야기를 들려주기도 해요. 여러분들 중에도 정신건강의학에 관심이 많아 이 책을 집어 든 학생이 있을 거예요. 그런 친구들에게도 제 경험을 들려줄 수 있어 기쁘네요. 잘 알겠지만 정신건강의학과 의사가 되기 위해선 치열한 경쟁을 통해 의대에 입학해야 하고, 고된 수련의 생활을 통과해야 하죠. 쉬운 길은 아니에요. 길목마다 낙오자가 생기기도 하고, 포기하는 사람이 나오기도 하죠. 하지만 자신의 목표가 뚜렷하고, 그 목표를 위해 계속해서 노력하는 사람은 늦더라도 그 길 끝에 가있더라고요. 제 주변만 보더라도, 두 번 떨어졌지만 포기하지 않고 꾸준히 공부한 덕분에 정신건강의학과 전문의가 된 친구가 있어요. 힘들 때는 꿈을 이룬 나를 상상해 보세요. 그리고 다시 한발 한발 나아가세요. 자신 있게 꿈을 향해 나아가고 끊임없이 노력하면, 누구든 자신이 상상한 그곳에 설 수 있다고 믿어요. 여러분의 꿈을 응원할게요.

청소년들의 진로와 직업 탐색을 위한
잡프러포즈 시리즈 32

내면 여행의 동반자

정신건강의학과의사

2020년 9월 1일 | 초판 1쇄
2023년 7월 25일 | 초판 3쇄

지은이 | 전진용
펴낸이 | 유윤선
펴낸곳 | 토크쇼

편집인 | 박가영
디자인 | 김연희
마케팅 | 김민영

출판등록 2016년 7월 21일 제2019-000113호
주소 서울시 서초구 나루터로 69, 107호
전화 070-4200-0327
팩스 070-7966-9327
전자우편 myys327@gmail.com
블로그 http://blog.naver.com/talkshowpub
ISBN 979-11-88091-97-3 (43190)
정가 15,000원